知っている単語がどんどん増える スーパー英単語分類帳

石戸谷 滋・真鍋 照雄 著

黎明書房

はじめに

　英単語を暗記することは、英語を学習する上で避けて通れないこととされています。英文を構成する個々の単語の意味がわからなければ、その文を理解することはできないからです。
　そのために、昔から英語学習のかなりの部分が単語を丸覚えする作業に費やされてきました。それを少しでも効率良くする目的で、語呂合わせによる暗記法などさまざまに工夫されています。

　けれども、このように機械的に単語を覚え込む作業は、必要不可欠なこととは言え、まったく味気のないものです。何よりも、それには勉学に本来備わっているはずの知的な要素が欠けています。
　なぜ train には「列車」と「訓練する」のかけ離れた2つの意味があるのか、なぜ under（下に）と stand（立つ）が結びついた語 understand が「理解する」という意味になるのか、といった疑問を抑え込んだまま、結果だけをひたすら暗記していくのは、厳しく言えば勉強という名に値しません。

　本書は、英単語学習につきまとうこの「知的なむなしさ」を少しでも解消すべく編集された単語帳です。情報の洪水とも言うべき英語の語彙に知的にアプローチするため、本書はその**語源**に注目し、単語を語幹別（第1部）および意味・テーマ別（第2部）に分類することを試みました。
　ある単語がどのような経路をたどって今日の意味に至ったかを知ることは、一見ひどく遠回りのように思えますが、実は**その語の実体に触れる道であり、その語をより良く記憶する（つまり学習する上で効率的な）方法**です。この学習法はまた**大きな発展性**をおびています。
　たとえば、suspend（吊るす）の語幹 pend が「掛ける、吊るす」という意味であることを知っていれば、pending という語に接したとき、その意味が「宙吊りになっている」に関係していることが類推できるでしょう。
　本書に接する皆さんがこのような形で頭を働かせ、視野を広げていくことを期待してやみません。

著　者

英単語の歴史

　英語の生みの親はアングロ・サクソン人です。アングロ・サクソン人はユトランド半島の南部一帯（今日のドイツ北部）に住んでいたゲルマン民族の1グループで、5世紀中頃にブリテン島（イギリス）に移住（侵入）したと言われています。

　彼らの話した言葉、**アングロ・サクソン語**はおおざっぱに言ってドイツ語の1方言でした。今日使われる英単語のうち、このアングロ・サクソン語本来の語は I、you、this などの代名詞、in、to、of などの前置詞、そして eye、eat、day、rain、tree、mother などの日常語に多く見られます。

　今日の英語の語彙は、これら英語本来の語に、北欧系の語、ラテン語系の語、ギリシャ語系の語などが入り、混じり合ったものです。中でも重要なのは**ラテン語系の語**で、それらは今日の英語の基本2万語の半数以上を占めると言われています（英語本来の語は約20パーセントにすぎない）。

　ラテン語（古代ローマ人の言語）が英語に入り込んだ経緯は大きく4つほどに分けられますが、中でも重要なのは、1066年にフランス語を話すノルマン人がイギリスを征服し、フランス語をイギリスの公用語としたことです。フランス語はラテン語から生まれた言語であるため、**ラテン語→フランス語→英語**という経路をたどって大量のラテン語系の語が英語に流入しました。

　ラテン語系の語には、言葉が長くて重々しく、文語調のものが多いという特徴があります。たとえば「終える」を意味する語には end のほかに finish がありますが、前者が英語本来の語、後者がラテン語系の語です。

　さて、ラテン語が英語に大きな影響を与えていることは、学習者にとってはむしろ好都合と言えます。1つのラテン語の単語から数多くの英単語が生まれているからです。本書に出てくる**「語幹」**とは、この**ラテン語の単語の核心部分**にほかなりません。

　たとえば construction は、struct（積み上げる）という語幹に接頭辞 con（共に）と名詞を作る接尾辞 tion が付いた形であり、「共に積み上げること」から「建設」の意味になりました（接頭辞、接尾辞についてはp.3とp.5参照）。

　このように、**英単語のかなりの部分は一定の規則に沿って作られているのです。**

本書の使い方

　本書は、第1部の 入 印の付いた語を除いて、基本的にセンター試験レベルまでの単語を扱っています。このレベルのすべての単語を収録しているわけではありませんので、大学受験にあたっては一般的な単語集との併用をお勧めします。

＊ 入 ：センター試験レベルより難度の高い大学入試レベルの語

◯ 本書の用語の意味 ◯

語　幹：接頭辞や接尾辞を除いた、語の核の部分。ただし語幹は当初から2種類あるものもあり、時と場所を経て変形しているものも少なくない。
原　義：その単語が生まれたときの意味。
接頭辞：単語の最初に置かれ、意味を添える辞(語)(p.5参照)。
接尾辞：単語の最後に置かれ、主に品詞を作る辞(語)。意味を添える場合もある。
派生語：枝分かれして生まれた語。

◯ 本書の記号 ◯

原：原義
名：名詞形　形：形容詞形　動：動詞形　副：副詞形
者：動作主名詞形(teach に対する teacher のように「〜する者」の形)
反：反意語　類：類義語(似た意味の語)　派：派生語

第1部　英単語を語幹別に覚える

　　　例：ex**press**
　　　　　└外へ └押す
　　　　　原「押し出す」
　　　　　→「**表現する**」

　単語中の太字(**press**)は語幹を示します。→印は意味の変化を示し、日本字の太字(**表現する**)は今日の意味を示します。
　なお、接尾辞の多くは品詞を作るだけなので、説明を省略しました。

第2部　英単語を意味・テーマ別に覚える

例：waste
原「空の」
→「荒れた、荒らす」
→「**浪費する、浪費**」

→印は意味の変化を示し、太字（荒れた、荒らす、浪費する、浪費）は今日の意味を示します。
原義はその語の理解に役立つと思われる場合のみ紹介しました。

第3部　英単語をおもしろ語源で覚える

興味深い語源を持つ単語を集めたものです。息抜きの読み物として楽しんでください。読んでいるうちに、ボキャブラリーが増えます。

本書を使った英単語の覚え方（一例）

単語を理解し、覚えるにあたって、第1部は縦糸、第2部は横糸と考えてください。

第1部

① まず、木🌳の中の単語と解説文に目を通す。
② 木の中の単語で、すでに知っている単語には✓印を付ける。知らない単語には〇印を付けておき、その構成から推測して覚える。
③ 2回目以降は、〇印の単語のうち、わかった単語（覚えられた単語）には〇の中に✓印を入れる。わからなかった単語（まだ覚えていない単語）はその構成から推測して覚える。
④ 「クイズ」は、構成から単語の意味を推測する練習として利用する。

第2部

① まず、解説文と単語に、それぞれの単語の意味の違いに注目しながら目を通す。
② すでに知っている単語には✓印、知らない単語には〇印を付ける。
③ 2回目以降は、〇印の単語を重点的に見て、わかった単語（覚えられた単語）には〇の中に✓印を入れる。

＊「例文」「もう一歩踏み込んで」「COLUMN」は、読んで、単語についての理解を深め、広げる。「例文」は暗記するのもよい。

接頭辞

本文に入る前に、主要な接頭辞を紹介しておきましょう。本書に登場する頻度順に並べてあります。

1	**con (com)**	together（共に）、強調
2	**ad**	to（〜へ）、by（そばに）
3	**dis (de)**	apart、away（離れて、離して）、down（下に、下へ）、反対、強調 など
4	**re**	back（戻って、返って）、again（再び）、強調 など
5	**ex**	out（外に、外へ）、強調 など
6	**in**	in（中に、中へ）、on（上に）、upon（上に） など
7	**pro**	forth（前方へ）、before（前に）
8	**sub**	under（下に）、up（下から） など
9	**pre**	before（前に、前を）
10	**ob**	against（逆らって）、toward（向かって）、down（下に） など

＊以上のほかに、**in** = 否定、**per** = through（通して）、強調、**inter** = between（間で）、each other（互いに）などがある。

目　次

はじめに … 1

英単語の歴史 … 2

本書の使い方 … 3

本書を使った英単語の覚え方 (一例) … 4

接頭辞 … 5

第1部　英単語を語幹別に覚える …………………… 11

1　inventor は天才か？ — vent (come：来る) … 12

2　後を行くのが succeed — ceed, cess (行く) … 14

3　トイレでは誰もが gentleman？ — gen (生む) … 16

4　再び生きれば revival — viv (生きる) … 18

5　三日月は成長しているか？ — cre (成長する) … 19

6　前に見るのが provide — vid, vis, vi (見る) … 20

7　スペクタクル映画を見よう！ — spect (見る) … 22

8　言葉を集めたのが dictionary — dict (言う) … 24

9　英単語の最大派閥 — sta (立つ) … 25

10　逆らって立てば resistance — sist (立つ) … 28

11　emotion は心の動き — mov, mot (move：動く、動かす) … 30

12　卒業への道も一歩から — grad, gress (歩く、歩み) … 32

13　大学って本当は…… — vers (turn：回す、変える、向ける) … 34

14　巻き物にはボリュームがある — vol (roll：巻く、転がる) … 36

15　落ちてびっくり accident — cid, cas (落ちる) … 37

16　終わり良ければすべて fine — fin (終える) … 38

17　レシートは立派な領収書 — cept, ceive (取る) … 40

18　ジュッ！と1杯エスプレッソ — press (押す) … 42

19　train は「車の列」だった — tra (引く) … 44

20 悲劇の Pretender — tend（伸ばす）… 46

21 post のもとは「飛脚の駅」— posit, pos（置く）… 48

22 宙吊り状態が suspense — pend, pens（hang：掛ける、weigh：重さを量る）… 50

23 重ね合わせるのが apply — ply（折り重ねる）… 52

24 「観察する」と「守る」の共通点は？ — serv（watch：見守る、keep：守る）… 55

25 座を保つ人が entertainer？ — tain, tin（hold：保つ）… 56

26 ミッションスクールはハイカラか？ — mit, mis（send：送る）… 58

27 前に投げれば project — ject（投げる）… 60

28 解任が失望のもと — point（突き刺す）… 61

29 魚釣りこそ最高のスポーツ — port（運ぶ）… 62

30 離して運べば different — fer（運ぶ）… 64

31 荷を負わせるのが charge — car, char（車）… 66

32 culture すなわち心身を耕すこと — col, cult（耕す）… 67

33 factory の前身は？ — fact, fect（make：作る、do：行う）… 68

34 「小さな形」が走るレースとは？ — form（形、形作る）… 70

35 「リストラ」とは積み上げること — struct, str（積み上げる）… 71

36 parade って準備すること？ — par（準備する）… 72

37 選り好みするのがエレガント？ — leg, lect（選ぶ、集める）… 74

38 導き出すのが education — duc（導く）… 76

39 「キュア」と「ケア」の関係は？ — cur（注意、心配）… 78

40 パッションフラワーってどんな花？ — pass, pati（苦しむ）… 79

41 「強く求めた」のが征服のはじまり — que, qui（求める）… 80

42 強いものほど価値があるか？ — val, vail（強い、価値がある）… 82

43 ノーベル賞の値段は？ — pri, pre（価値）… 83

44 尺度を守れば modest — mod（尺度）… 84

45 すべては「まっすぐにする」から始まった — rect（まっすぐにする）… 85

46 minister って小さい人？ — min（小さい）… 86

47 政治家はパーティーが好き？ — part（部分、分ける）… 88

48 あなたの「星座」を教えて — sign（mark：印、印を付ける）… 90

49 入植の目的は？ — popul (人々の) … 92
50 ケープを脱げば escape — cap (頭) … 94
51 荒馬を manage せよ — man (手) … 96
52 prince は「国王」だった — prim (第一の), prin (第一のもの) … 97
53 100のうちのいくつ？ — cent (100) … 98

第2部　英単語を意味・テーマ別に覚える … 99

1 見る、聞く … 100
2 話す … 102
3 得る、持つ … 104
4 知る、理解する … 106
5 望む、思う、信じる … 108
6 示す、知らせる … 112
7 意見を言う … 115
8 頼む、促す、命令する … 118
9 許す、認める … 120
10 調べる、さがす … 122
11 決める、決着する … 124
12 つなぐ、関係する … 126
13 行動する … 128
14 試みる、競う … 129
15 驚く、恐れる、心配する … 130
16 壊す、害する … 134
17 嫌う、非難する … 136
18 戦う、守る … 138
19 打つ、撃つ … 140
20 似る、比べる … 141
21 大きい、小さい … 142
22 良い、悪い … 144

23 正しい、まちがった … 148
24 明らかな、確かな … 152
25 全体の、完全な … 154
26 特別の、普通の … 156
27 人の性質 … 158
28 うれしい、悲しい … 162
29 賢い、愚かな … 165
30 熱心な、怠惰な … 168
31 物の性質 … 170
32 金銭 … 174
33 経済、産業 … 178
34 仕事 … 180
35 社会 … 182
36 国、政治 … 184
37 環境 … 185
38 犯罪、裁判 … 186
39 心 … 188
40 文学 … 190
41 病気 … 191
42 問題、危機 … 192
43 態度、習慣 … 194
44 場所、地域 … 195
45 状態 … 196
46 形 … 197
47 道 … 198
48 旅 … 199
49 時を表す形容詞・副詞 … 200
50 頻度を表す副詞 … 202

第3部　英単語をおもしろ語源で覚える …………… 203

- 地名 … 204
- 動物名 … 208
- 植物名 … 212
- 食べることに関する語 … 213
- スポーツ、遊びに関する語 … 215
- 物の名 … 217
- 抽象的なものを表す語 … 219
- その他 … 223

第 1 部
～英単語を語幹別に覚える～

1 inventor は天才か？

vent (come：来る)

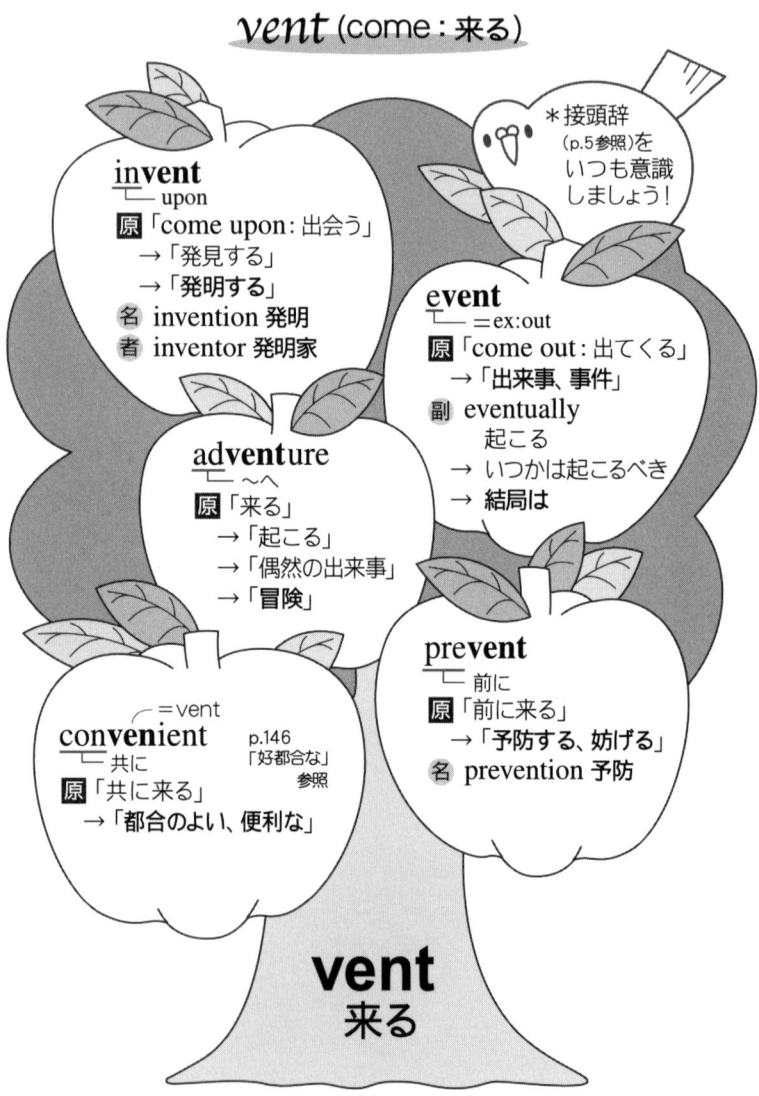

invent
└ upon
原「come upon：出会う」
→「発見する」
→「発明する」
名 invention 発明
者 inventor 発明家

event
└ =ex:out
原「come out：出てくる」
→「出来事、事件」
副 eventually
　　起こる
→ いつかは起こるべき
→ 結局は

adventure
└ ～へ
原「来る」
→「起こる」
→「偶然の出来事」
→「冒険」

prevent
└ 前に
原「前に来る」
→「予防する、妨げる」
名 prevention 予防

convenient　p.146
└ 共に　　　「好都合な」
　=ven　　　参照
原「共に来る」
→「都合のよい、便利な」

*接頭辞 (p.5参照)をいつも意識しましょう！

vent
来る

クイズ❓ **intervene** の意味を当ててみよう。inter は「間に」、ven＝vent。

inventor(発明家)と言えばエジソン、エジソンと言えば天才と相場が決まっていますが、in + vent という構成から考えると inventor は天才というほどのものではありません。

vent は「来る」という意味の語幹であり、in はこの場合は upon の意味なので、invent の原義は come upon すなわち「出会う」でした。

それが「発明する」に変わったのは、昔の人は何かを「生み出す」のは「神の意図を見つけ出す」作業にほかならないと考えていたからだと言います。

例 文

Who **invented** the electric light? 誰が電灯を発明したか？

It was quite an **event**. それはなかなかの事件だった。

At all **events** you had better do it. ともかくあなたはそれをした方がいい。
 * *at all events* ともかく

Bad weather **prevented** me from starting. 悪天候で私は出発できなかった。

When would it be **convenient** for you? いつがご都合よろしいでしょうか？

■ アベニュー

フランス語の香りのする語 **avenue** は a(=ad:〜へ)+ ven(=vent) と分解でき、意味は「来る」→「近づく」→「近づく道」と変化して現在の「**並木道、大通り**」(p.198「道」参照)になりました。

■ アバンチュール

「アバンチュール」と言えば「恋の火遊び」のことですが、これは adventure のフランス語形 aventure からきた言葉です。adventure の以前の意味である「偶然の出来事」がもとになっています。

なお「ベンチャービジネス」の venture は adventure の短縮語です。

クイズ解答 **intervene**:「間に来る」→「仲裁する、干渉する」。

2 後を行くのが succeed

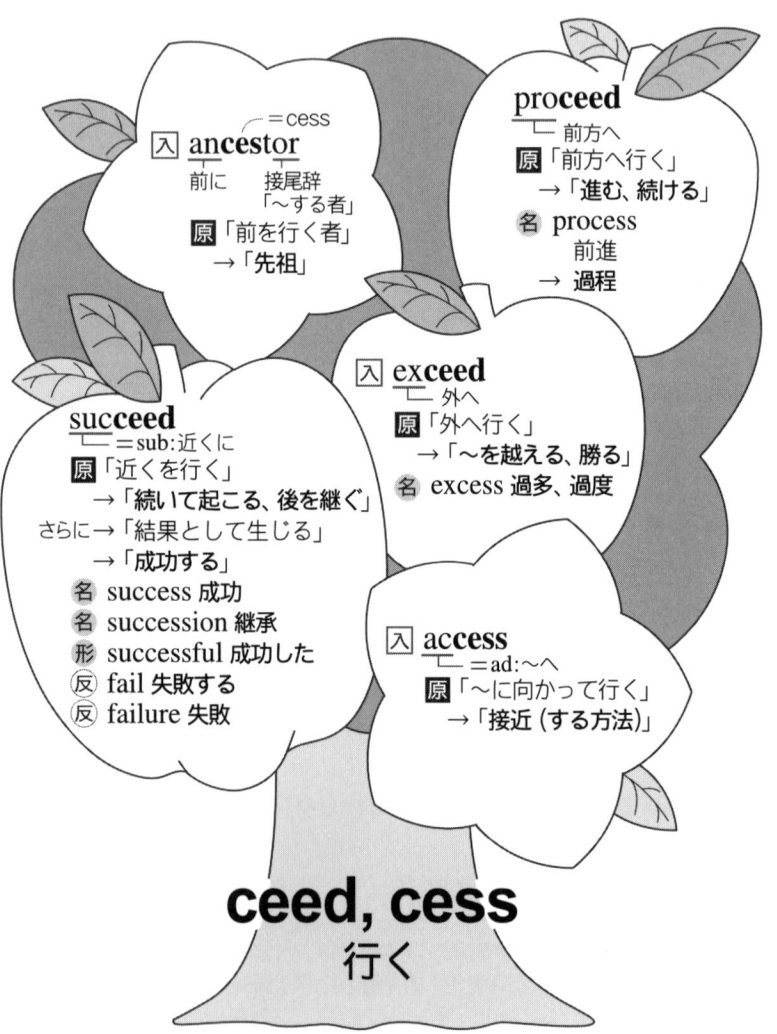

クイズ **precede** の意味を当ててみよう。pre は「前に」、cede は ceedと同じ。

succeedに「成功する」と「後を継ぐ」の2つの意味があるのはどうしてだろうと考えたことはないでしょうか？ その由来を探ってみましょう。

succeedはsucとceedに分解できます。sucはsubの変化形で、ここでは「近くに」の意味、**ceed**は「**行く**」という意味の語幹ですから、その原義は「近くを行く」でした。

それが「すぐ後を行く」を経て「後を継ぐ」になったのが第1の意味、「続いて起こる」→「結果として生じる」→「成功する」と変遷したのが第2の意味です。つまり「後を継ぐ」の方が原義に近い、古くからの意味であるわけです。

例文

She **succeeded** in persuading him.　彼女は彼の説得に成功した。
Nothing **succeeds** like **success**.　成功ほど続いて起こるものはない。
　ことわざ 一事成れば万事成る
Proceed with your work.　お仕事を続けてください。
That building is still in **process** of construction.　あの建物はまだ建設中だ。
　＊ *in process of～*　～中で
The temple is difficult of **access**.　その寺は近付きにくい（行きにくい）。

((もう一歩 踏み込んで!))

■なぜ語幹が2つあるのか？

このグループの語幹 ceed は具体的にはラテン語の動詞 cedere（行く）からきており、もう1つの cess はその過去分詞形 cessus からきています。つまり同じ語の変化形が2つの語幹のもとになっているわけです。このパターンは他のグループにも多く見られます。

■アクセサリー

その形が示すように、**accessory** は access の派生語です。その意味は「接近する」→「付け加わる」→「**付属品、アクセサリー**」と変化しました。

クイズ解答　**precede**：「前に行く」←「～に先立つ」。

3 トイレでは誰もが gentleman ?

「今や gentleman の実質的な意味は『男子用トイレ』だけとなった」と皮肉をこめて言ったイギリス人がいましたが、この語はもともと「生まれの良い人」を意味していて、かつては特定の上流階級に属する人々を指していました。
　語幹は **gen**(生む)で、gentle は「生む」→「氏族」→「生まれの良い」と変化して、今日の「優しい」の意味になりました。
　このグループの変わり種は genius で、「(生まれたときから人についている)守護霊」から「(生まれながらの)気質、傾向」→「特別の才能」と変化して、「天才」の意味になりました。

例 文

from **generation** to **generation**：代々
They are **generous** with their money.　彼らはお金の面で気前が良い。

もう一歩 踏み込んで!

■エンジン

engine も同語源で、もともとの形は in + gen でした。意味は「生まれながらの才能」→「巧みさ」→「機械仕掛け」→「**エンジン**」と変化しました。

■水素、酸素

hydrogen は hydro(水の)に gen が付いたもので、「水を生む」→「**水素**」となった語です。また **oxygen** は oxy(酸の)に gen が付いて「酸を生む」→「**酸素**」となった語です。

■kind の２つの意味

gentle で思い出すのが **kind** です。その原義は「生まれ、種族」で、前者は gentle と同じく「生まれの良い」から「**親切な**」(p.158「優しい」参照)の意味に、後者は「**種類**」の意味になりました。

■「本物」の子どもはひざにのせて……

genuine(本物の)はこのグループには属しません。その語源は「ひざ」を意味するラテン語 genu で、父親が生まれた子どもをひざにのせて認知する古代ローマの習慣から「本物の」という意味になりました。

4　再び生きれば revival

vív (生きる)

「リバイバル」の形で日本語にも入っている revival は、**「生きる」**を意味する語幹 **viv** に接頭辞 re (再び) が付いた語で、**「再び生きる」**の原義から**「再生、復興」**の意味になりました。
vital (生命の) の語幹 **vita** は viv の変化形です。

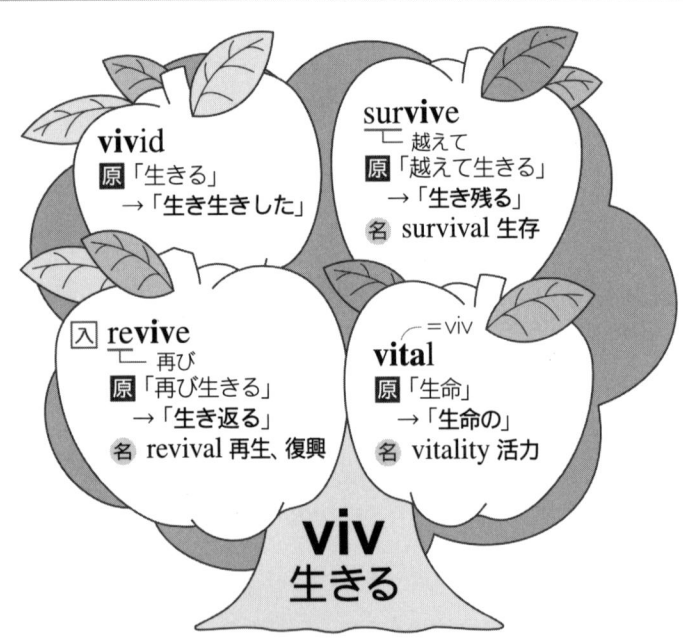

vivid
原「生きる」
→「生き生きした」

survive
越えて
原「越えて生きる」
→「生き残る」
名 survival 生存

入 **revive**
再び
原「再び生きる」
→「生き返る」
名 revival 再生、復興

vital （= viv）
原「生命」
→「生命の」
名 vitality 活力

viv
生きる

((もう一歩 踏み込んで!))

■生命のアミン
　vitamin（ビタミン）は vita + amin (= amine：アミン)、つまり「生命のアミン」という意味で名づけられた語です。当初ビタミンにはアミノ酸が含まれていると考えられていたことからきています。発音は [ヴァイタミン] です。

5 三日月は成長しているか？

cre (成長する)

「三日月」は英語では crescent と言いますが、その語幹 **cre** は「**成長する**」を意味します。三日月を新月から満月へ成長している月ととらえるわけです。

三日月形のパン、croissant（クロワッサン）は crescent のフランス語形です。また crescent のイタリア語形 crescendo も「クレッシェンド（だんだん強く）」という音楽用語として日本語に入っています。

この語幹 cre を含む重要語としては、increase（増える）や decrease（減る）などが挙げられます。

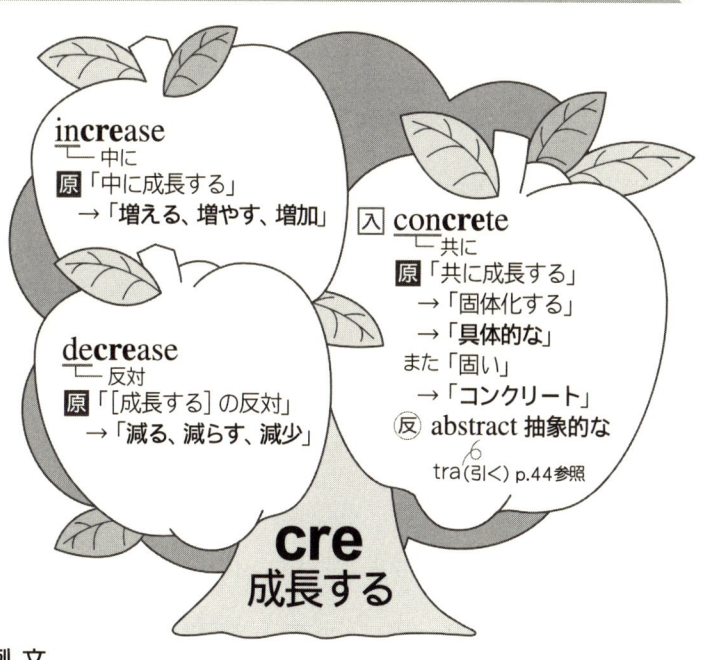

- in**cre**ase
  - in — 中に
  - 原「中に成長する」
    → 「増える、増やす、増加」

- de**cre**ase
  - de — 反対
  - 原「[成長する] の反対」
    → 「減る、減らす、減少」

- 入 con**cre**te
  - con — 共に
  - 原「共に成長する」
    → 「固体化する」
    → 「具体的な」
  - また「固い」
    → 「コンクリート」
  - 反 abstract 抽象的な
  - tra（引く）p.44参照

cre 成長する

例文

The demand for coal is on the **decrease**. 石炭の需要は減少している。
* *on the decrease* 減少して

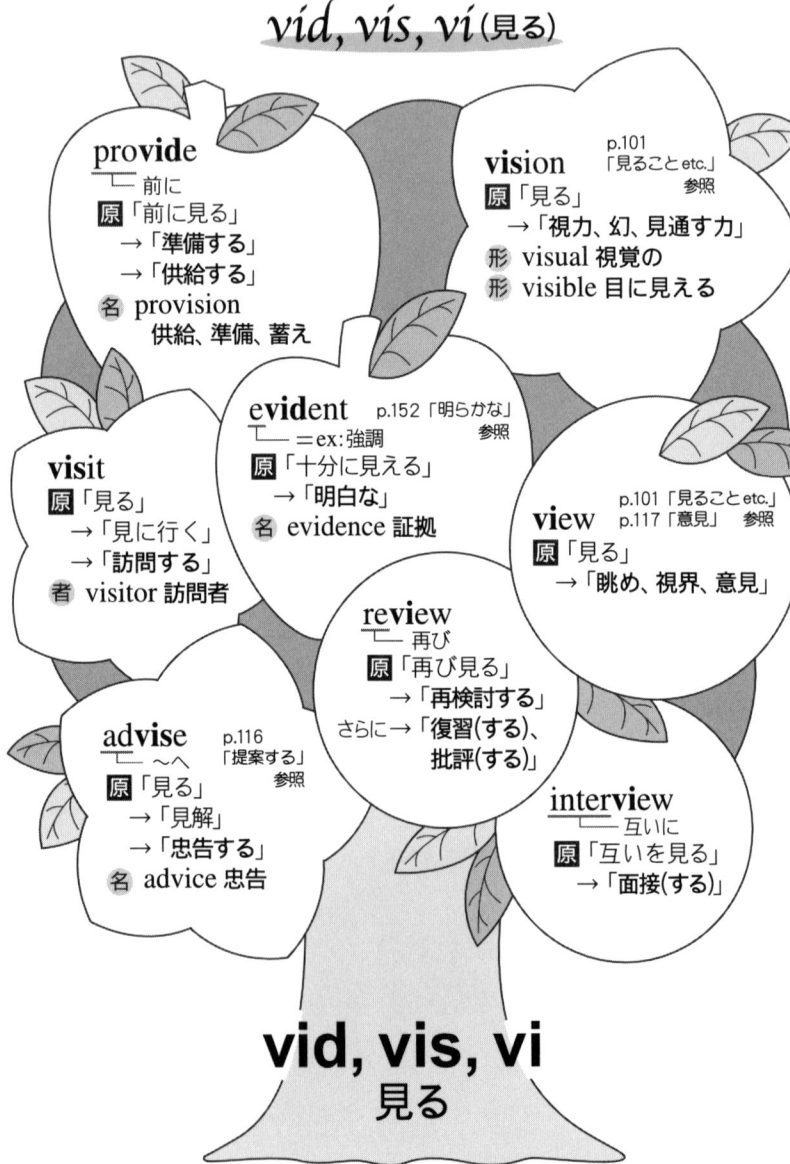

provide（供給する）という語を分析してみましょう。接頭辞 pro（本来は「前方へ」）はここでは「前に」の意味で、語幹の **vid** は「見る」の意味ですから、全体では「前に見る」の意味になります。

この語はそこから「準備する」を経て「供給する」の意味になりましたが、その成り立ちから「あらかじめ準備しておき、供給する」というニュアンスを持つことを知っておきたいですね。

このグループの語幹にはほかに **vis**、**vi** があります。

例 文

They are well **provided** with food. 彼らは十分に食べ物を与えられている。
We must **provide** against a time of necessity.
　私たちは緊急の場合に備えなければならない。
She **advised** me to study harder. 彼女は私にもっと勉強するように言った。
review the facts：事実を再検討する　　**review** a book：本の批評をする

もう一歩踏み込んで!

■「見る」が「疑いの目で見る」に変わって……

envy（うらやむ、ねたむ）は en（upon）+ vy（=vi）という構成の語で、もともとは単に「見る」を意味していました。それがどこかで「疑いの目で見る」にすり替わり、今日の意味が生まれたと言われています。形容詞は **envious**（ねたんでいる）です。

■ survey は「上から見る」こと

survey もこのグループに属します。構成は sur（上）+ vey（=vid）で、「上から見る」の原義から「**見渡す、調査する、調査**」（p.122「調べる」参照）の意味になりました。

■ advise と advice のつづりが違う理由

advise の名詞形 advice は s が c になっていますが、これは発音の違い（advise［アドヴァイズ］、advice［アドヴァイス］）を示すために近年になって変えられたものです。

7 スペクタクル映画を見よう！

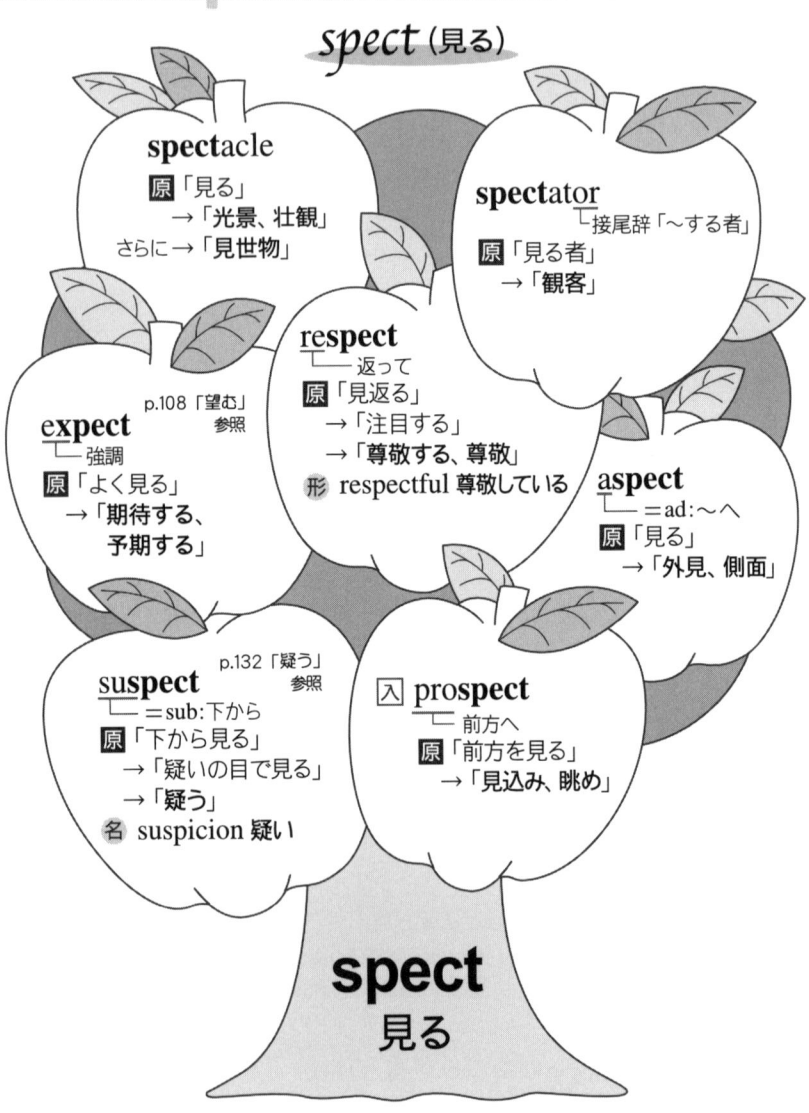

クイズ **inspect** の意味を当ててみよう。構成は in「中に」+ spect。

「スペクタクル映画」なる映画のジャンルをご存知でしょうか？

雄大な背景、何千人というエキストラを使った大戦闘シーンなどを売り物にした映画で、『ベン・ハー』や『十戒』などハリウッド映画の全盛期を飾る作品が思い浮かびます。

この spectacle の語幹 **spect** は「見る」の意味で、そこから「(すばらしい) 光景、壮観」、さらに「見世物、スペクタクル」の意味が生まれました。

ちなみに理科で習う「スペクトル」の spectrum もこの仲間で、「見る」→「見えるもの」→「現れるもの」と変化して今日の意味に至りました。

例文

The parade was a fine **spectacle**. そのパレードは壮観だった。

I **expect** him to be more positive.
　私は彼がもっと前向きになることを期待する。

We discussed the problem in all its **aspects**.
　私たちはその問題をあらゆる面から話し合った。

There is no **prospect** of our winning. 私たちが勝つ見込みはない。

◀◀◀

もう一歩踏み込んで!

■respectは「尊敬」だけではない

respect には **in respect of ～** (～に関して) という熟語がありますが、これには respect の「見返る、注目する」という古い意味が残っています。また respect の形容詞形の1つ **respective** は「注目する」から「～に関して」を経て「**それぞれの**」の意味になった語です。

■レトロ

一時の流行語であった「レトロ」は **retrospective** を縮めたものです。retro は「後方に」の意味ですから「後方を見る」が原義で、そこから「**回顧的な**」になりました。

クイズ解答　**inspect**:「中を見る」→「検査する」。

第1部　英単語を語幹別に覚える　**23**

8　言葉を集めたのが dictionary

dict (言う)

　dictionary（辞書）は語幹 **dict**（言う）に名詞を作る接尾辞 tion、さらに「〜を集めたもの」の意味の接尾辞 ary が付いた語で、全体では「言葉を集めたもの」の意味になります。
　この dict に接頭辞 pre（前に）が付いた predict は、「前に言う」から「予言する」の意味になりました。

dictionary
└ 接尾辞「〜を集めたもの」
原「言葉を集めたもの」
→「**辞書**」

pre**dict**
└ 前に
原「前に言う」
→「**予言する**」

in**dic**ate （=dict　p.112「示す・表す」参照）
└ 中に
原「中に言う」
→「**指し示す、指摘する**」

入 contra**dict**
└ 反対して
原「反対して言う」
→「**否定する**」
さらに→「**互いに否定する**」
→「**矛盾する**」
名 contradiction
　否定、矛盾

dict
言う

（（もう一歩 踏み込んで!））

■dictate の2つの意味

dictate には「口述する」と「命令する」の2つの意味があります。共に dict の「言う」から生まれた意味で、前者は「言って書き取らせる」こと、後者は「言うことをきかせる」ことにほかなりません。名詞形は **dictation**（口述、命令）です。

24

9　英単語の最大派閥

sta（立つ）

　その昔宿場から宿場へと乗客や郵便物を運んだ馬車、「駅馬車」はstagecoachと呼ばれていました。このstageは「駅、宿場」の意味です。

　stageの原義は「立つ場所」で、「舞台」も「段階」も「駅、宿場」もそこから生まれました。これと同語源のstationもまた「立つ場所」が原義です。

　stageやstation、さらにはstand、stateなどの語幹はsta（立つ）です。このグループに属する語は数多く、英単語の最大派閥を形成しています。

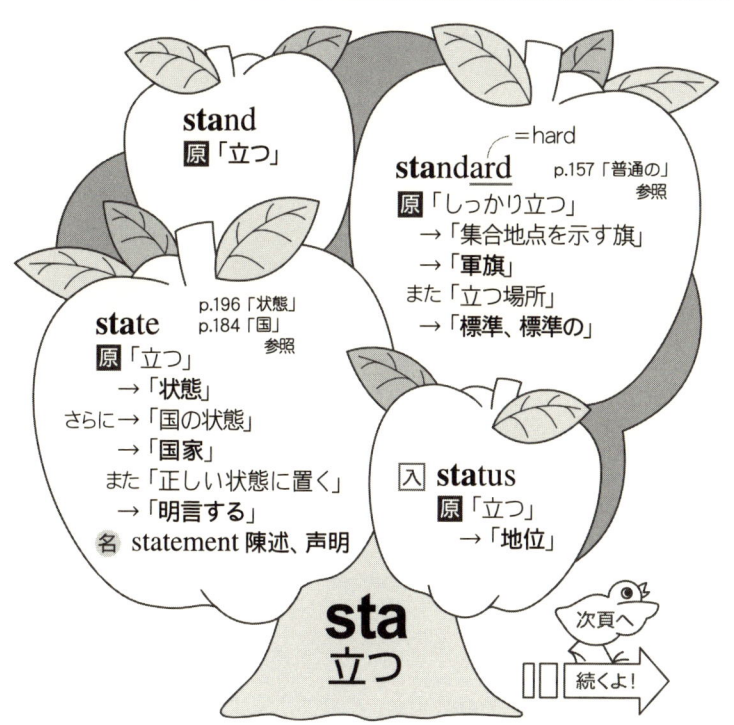

stand
原「立つ」

standard　=hard　p.157「普通の」参照
原「しっかり立つ」
→「集合地点を示す旗」
→「軍旗」
また「立つ場所」
→「標準、標準の」

state　p.196「状態」 p.184「国」参照
原「立つ」
→「状態」
さらに→「国の状態」
→「国家」
また「正しい状態に置く」
→「明言する」
名 statement 陳述、声明

入 **status**
原「立つ」
→「地位」

sta
立つ

次頁へ
続くよ！

第1部　英単語を語幹別に覚える

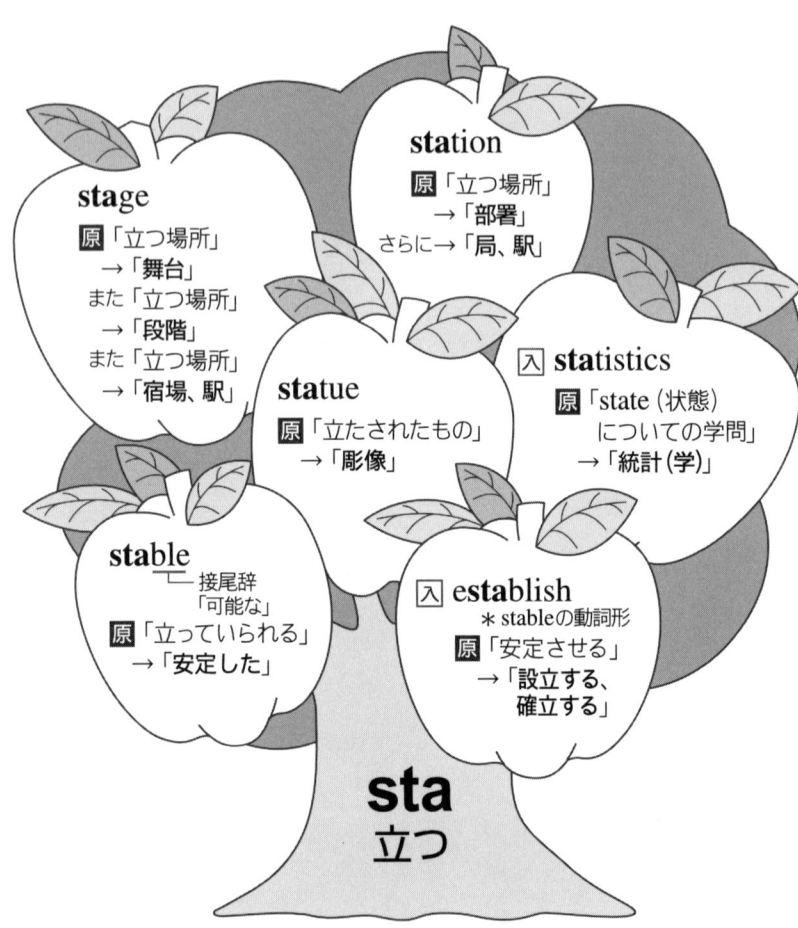

もう一歩踏み込んで！

stationary と stationery

station の形容詞形に **stationary** があります。その意味は「立っている」から「静止した、固定した」になりました。

これとまぎらわしいのが **stationery**（文房具）です。中世には、商人と言えば行商人を指していましたが、ある種の特権的な商人、すなわち僧侶を相手に書物や文房具を売る商人は「固定した (stationary)」店を出すことが認められていました。そのため、彼らが stationer、扱う商品である文房具が stationery と呼ばれるようになったのです。

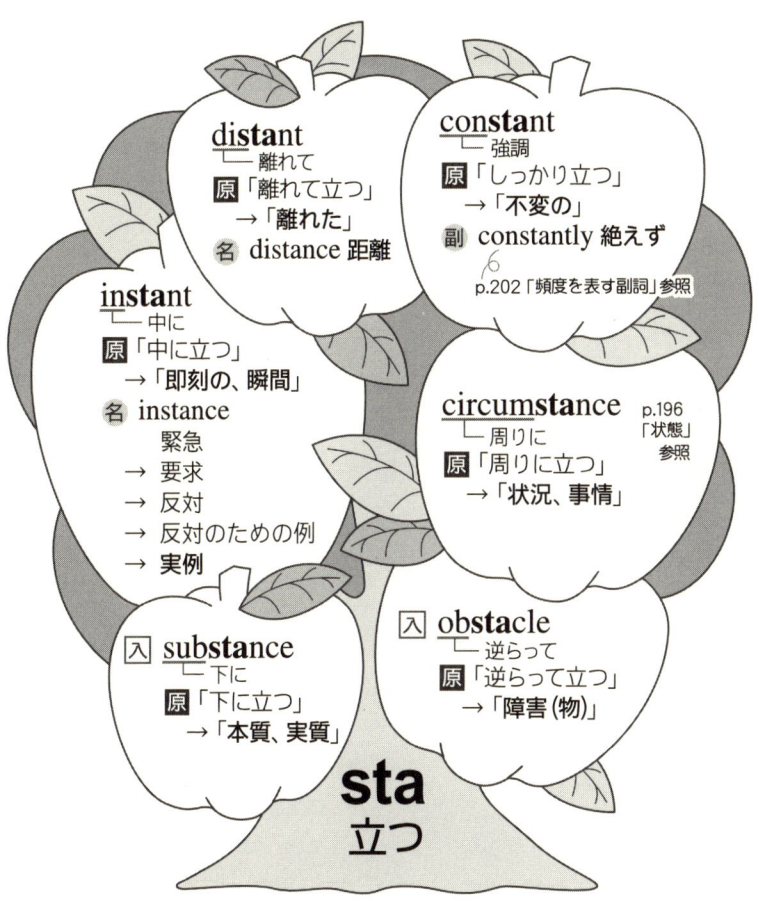

もう一歩 踏み込んで!

■understand は「間に立つ」

understand(理解する)(p.107「理解する」参照) はどうして under + stand なのか、と誰でも一度は考えたことがあるでしょう。実は古い英語では under には「下に」のほかに「間に」の意味があって、understand の原義は「間に立つ」でした。物事を理解するためにはその間に分け入る必要がある、ということでしょうか。

なお「under:間に、中に」は **under the influence of** 〜(〜の影響を受けて)や **under water**(水中に)などの形で現代英語にも広く残っています。

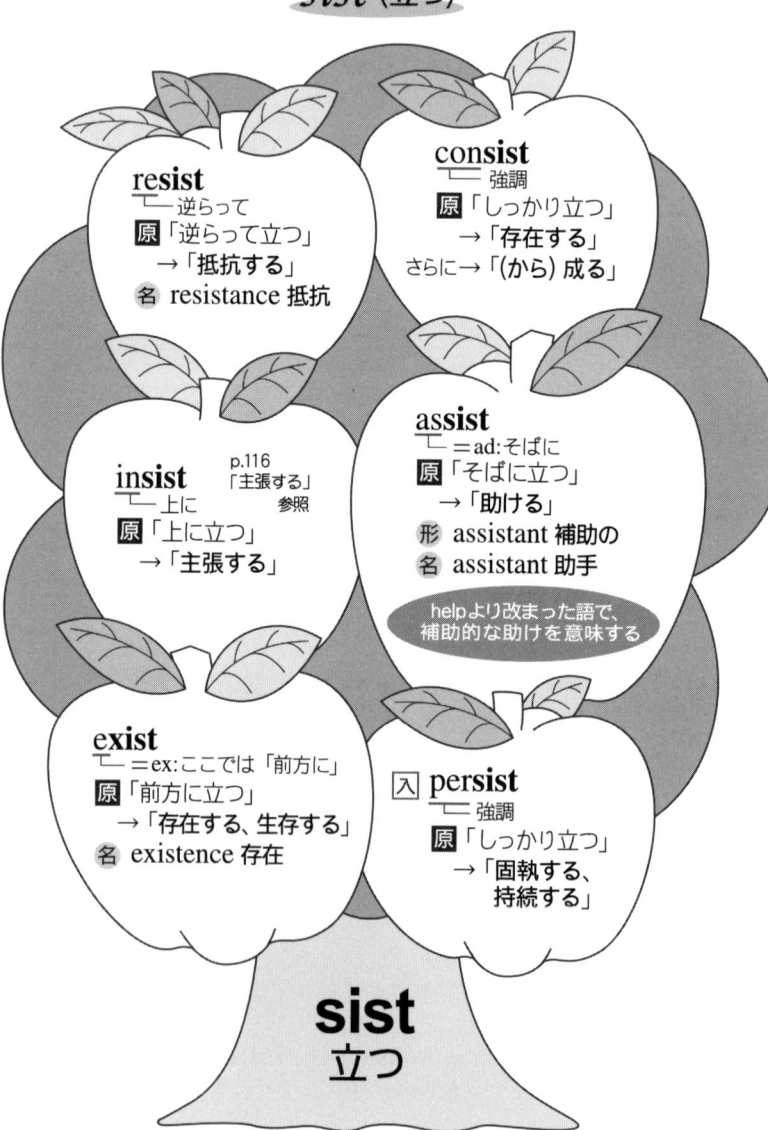

第2次世界大戦の初期、ヒトラーのドイツ軍はあっさりとフランス軍を打ち破り、フランス全土を支配下に置きました。けれどもフランス人は全面的に屈服したわけではなく、有志が地下組織をつくって抵抗を続けました。

　これは「レジスタンス運動」と呼ばれ、被占領地域の抵抗運動のモデルとなりました。映画『パリは燃えているか』には彼らの活躍が生き生きと描かれています。

　さてこの resistance は **sist**（立つ）という語幹に re（ここでは「逆らって」の意味）が付いた形で、「逆らって立つ」を原義とします。語幹 sist は前項目の sta（立つ）から派生したもので、sta の弟分です。

例 文

He couldn't **resist** her charm.　彼は彼女の魅力に抵抗できなかった。
I don't think that ghosts **exist**.　私は幽霊が存在するとは思わない。
He **insisted** on her innocence.　彼は彼女の無実を主張した。
She **assisted** her son with his homework.　彼女は息子の宿題を見てやった。

◀◀◀

もう一歩踏み込んで!

「スタンド・バイ・ミー」

　assist の「そばに立つ」→「助ける」のパターンはそっくり **stand by〜**（〜を助ける、支援する）という熟語にも当てはまります。ジョン・レノンも歌ったロックンロールの名曲『Stand By Me』は「俺を支えていてくれ」という意味です。同名の映画も名作として知られています。

consist と compose

　consist の類義語に compose (p.48参照) があります。consist が Water consists of hydrogen and oxygen.（水は水素と酸素から成る）のように能動態で用いられるのに対し、compose は Water is composed of hydrogen and oxygen. のように受動態で用いられます。

11 emotion は心の動き

mov, mot (move：動く、動かす)

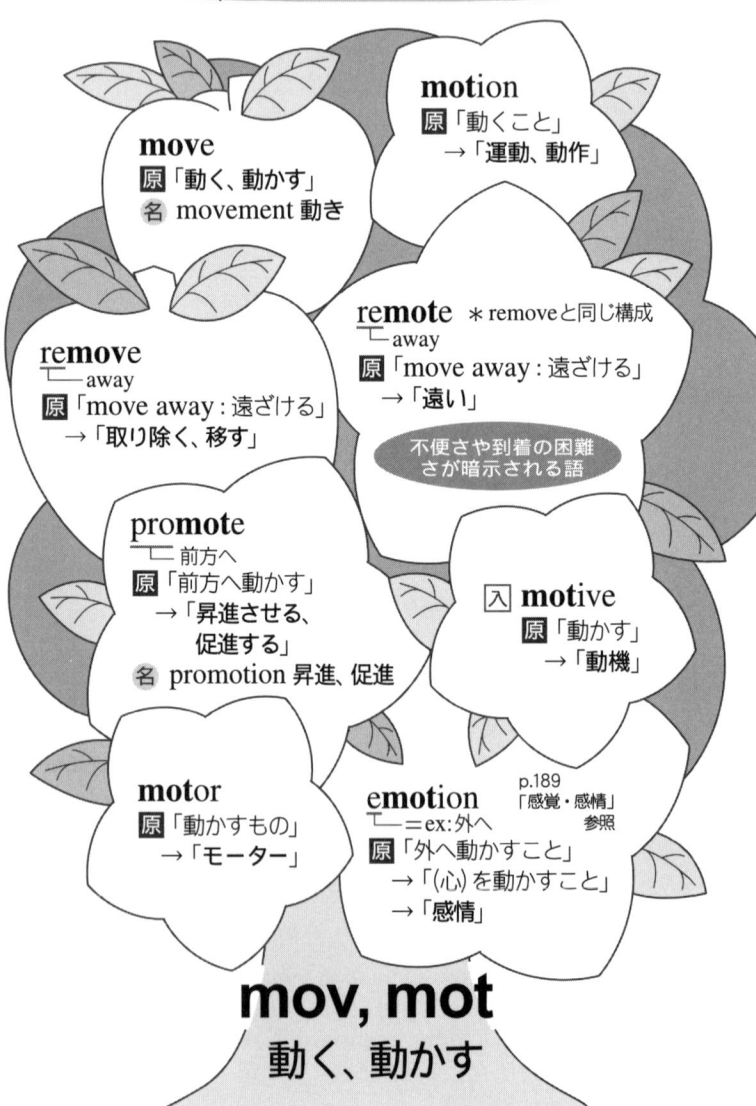

removeはre+moveだから「再び動かす」の意味になるはずなのに、どうして「取り除く」になるのだろう、と考えたことはありませんか？

前者はreをagainの意味にとるからで、away（あるいはback）ととれば「遠ざける」→「取り除く、移す」と変わったことがスムーズに受け入れられるでしょう。

このmoveとremoveの語幹は**mov**（動く、動かす）、同語源のmotionの語幹は**mot**です（両者の形の違いは語源であるラテン語movere（動く）とその過去分詞形motusの違いに由来する）。

emotionの構成はex+mot+tionで、「外へ動かすこと」から「(心を)動かすこと」を経て「感情」の意味になりました。

例 文

I **removed** the shelf from the room. 私はその棚を部屋から片付けた。
She isn't good at hiding her **emotion**. 彼女は自分の感情を隠すのが下手だ。
a **remote** country：遠い国　　a **remote** village：へんぴな村
promote world peace：世界平和を促進する

もう一歩踏み込んで！

■自分で動くからautomobile

mobileはmob(=mov)に「〜しやすい」の意味の接尾辞ileが付いた形で、「**動きやすい**」を意味します。このmobileに「自分で」を意味する接頭辞autoが付いたのが**automobile**で、その意味は「自分で動くもの」から「**自動車**」になりました。

■movieは「動く絵」

movie（映画）はmoving picture（文字通りには「動く絵」）を略したもので、主にアメリカで使われます（イギリスでは主に**film**）。「映画」を意味する語にはほかにmotion pictureやcinemaがあります。

12 卒業への道も一歩から

grad, gress (歩く、歩み)

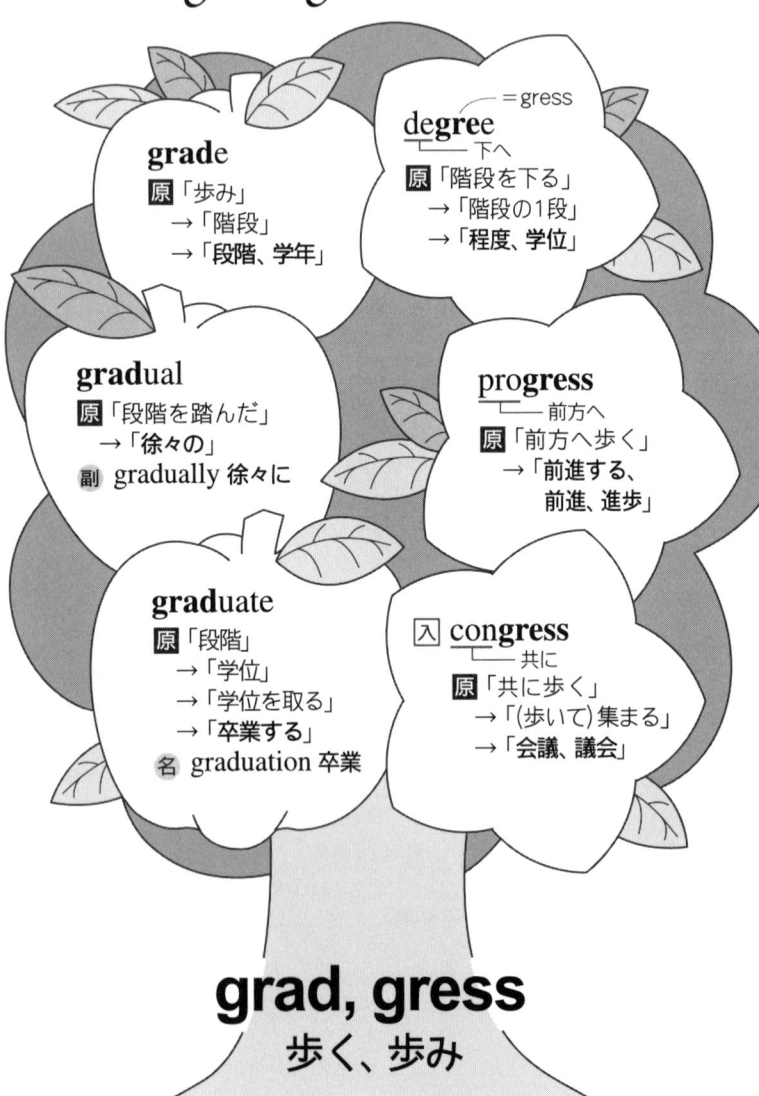

「グレードが高い」などの形で日本語にもなっている grade の「段階」という意味は、「階段」から比喩的に生まれたものです。語幹の **grad** は「**歩く、歩み**」という意味ですから、grade は「歩み」→「階段」→「段階、学年」と変化したことになります。

graduate はこの「段階」からさらに「学位」→「学位を取る」→「卒業する」と変化した語で、「歩み」が最後は「卒業」に至ることを示しています。

このグループにはもう1つ **gress** という語幹があり、degree や progress などの語のもとになっています。progress（前進する）は、類義語の proceed（進む、続ける）(p.14参照) や advance（進む、進める）に比べ、「ある目標に1歩1歩近づく」というニュアンスが強い語です。

例 文

the highest **grade** of coffee：最高級のコーヒー

She **graduated** from Princeton University in 1990.
　彼女は1990年にプリンストン大学を卒業した。

His efforts were successful to some **degree**.
　彼の努力はある程度効を奏した。

She is making good **progress** in cooking. 彼女の料理は上達している。

((もう一歩 踏み込んで!))

■ アグレッシブ

「アグレッシブなサッカー」などの言い回しに使われる **aggressive** は、ag（＝ad：～へ）＋gress＋ive（形容詞を作る接尾辞）という構成の語で、「～に向かって歩く」の原義から「**攻撃的な**」の意味になりました。

■ passenger はもともとは「通る人」だった

「歩く」を意味する語幹にはもう1つ pass があります。これがそのまま1語になったのが **pass**（**進む、通る**）で、名詞形は **passage**（**通過、推移**）です。派生語の **passenger** は「通る人」→「旅人」→「**乗客**」と変化しました。また、**past**（**過去、過去の**）は pass の過去形 passed が変化したものです。

13　大学って本当は……

vers (turn：回す、変える、向ける)

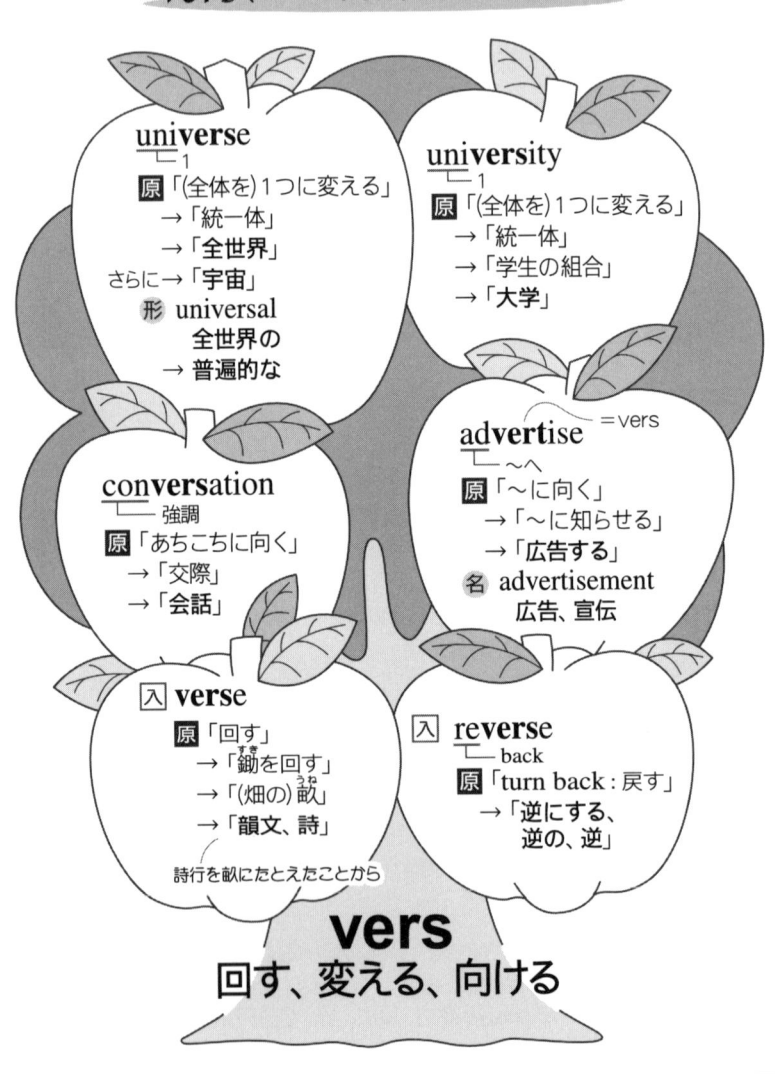

universe
原「(全体を)1つに変える」
→「統一体」
→「全世界」
さらに→「宇宙」
形 universal
全世界の
→ 普遍的な

university
原「(全体を)1つに変える」
→「統一体」
→「学生の組合」
→「大学」

conversation
└─ 強調
原「あちこちに向く」
→「交際」
→「会話」

advertise ＝vers
└─ ～へ
原「～に向く」
→「～に知らせる」
→「広告する」
名 advertisement
広告、宣伝

入 verse
原「回す」
→「鋤を回す」
→「(畑の)畝」
→「韻文、詩」
詩行を畝にたとえたことから

入 reverse
└─ back
原「turn back：戻す」
→「逆にする、逆の、逆」

vers
回す、変える、向ける

クイズ❓ **anniversary** の意味を当ててみよう。anni は「年」の意味。

university（大学）と universe（宇宙）にはどんな関係があるのでしょうか？ 形からして明らかにこの2語はつながっています。

universe は語幹 **vers**（**turn**：回す、変える、向ける）に uni（1）が付いた形で、その意味は「（全体を）1つに変える」の原義から「統一体」→「全世界」→「宇宙」と変化しました。

一方の university は途中の「統一体」から「団体、組合」の意味になったもので、12世紀当時は「学生の組合」を意味していました。

この時代のヨーロッパには僧侶や役人を養成する「コレギウム（collegium：college の前身）」と呼ばれる学校がありましたが、向学心に燃える人々はその官僚的な雰囲気を嫌い、自らの手で自由に学問ができる団体を作りました。これが「学生の組合」すなわち university の起こりです。

例文

They **advertised** used cars for sale. 彼らは中古車を売る広告を出した。

《 もう一歩踏み込んで！ 》

■バージョンは「変えられたもの」

version は訳の難しい語ですが、要するに「vers されたもの＝変えられたもの」のことです。「**（改訂）版**」も、「**（新たな）解釈**」も、「**翻訳（されたもの）**」も、あるいはパソコン・ソフトの「**バージョン**」も、すべて「変えられたもの」からきた意味です。

■「コンバーチブル」と「ハードトップ」

convert は con（強調）+vert という構成の語で、「**変える**」を意味します。スポーツカーの形の一種「**コンバーチブル**」はその形容詞形 **convertible**（変えられる）で、「折りたたみ式の幌のおかげで屋根の有無が変えられる」ことからその名が付きました（「オープンカー」は和製語）。

ちなみに屋根が固定の（つまりコンバーチブルでない）スポーツカーは **hardtop**（ハードトップ：固い屋根を持つもの）と呼ばれます。

クイズ解答 **anniversary**：「年が回る」→「年々巡ってくる」→「記念日」。

14　巻き物にはボリュームがある

vol (roll：巻く、転がる)

　西洋でも日本でも、昔は書物と言えば巻き物のことを指していました。英語の volume（本、巻）の語幹 **vol** は **roll** すなわち「**巻く、転がる**」という意味で、かつて本を one volume、two volumes（1巻、2巻）と数えていたことをしのばせています。
　冊子の形がより合理的であることは今日では明らかですが、それが巻き物に取って代わるまでには長い年月がかかったと言われています。
　volume には「量、容積」の意味もありますが、これは「本の大きさ」からきました。

volume
原「巻く」
　→「巻き物」
　→「本、巻」
さらに →「本の大きさ」
　→「量、容積」

invol**ve**
└ 中に
原「中に巻く」
　→「巻き込む、含む」

revol**ve**
└ 戻って
原「転がって戻る」
　→「回転する」
名 revolution 回転
さらに → 大変革
　→ 革命

vol
巻く、転がる

例 文

the growing **volume** of traffic：増大する交通量
He was **involved** in the trouble. 彼はそのトラブルに巻き込まれた。
The earth **revolves** around the sun. 地球は太陽の周囲を回る。

15　落ちてびっくり accident

cid, cas (落ちる)

　accidentは語幹 **cid**（落ちる）に接頭辞 ac(=ad:〜へ) が付いた形で、「〜に落ちる」の原義から「たまたま起こる」を経て「事故」の意味になりました。「落ちる」→「事故」の連想は容易に理解できるでしょう。このグループの語幹にはもう1つ **cas** があって、case や occasion などの語が生まれています。

---

accident
　ac =ad:〜へ
　原「〜に落ちる」
　→「事故」

case
　原「落ちる」
　→「事件」
　さらに→「場合、真相」
　「箱」のcaseは別語源

incident
　in 上に
　原「上に落ちる」
　→「出来事」

occasion
　oc =ob:下に
　原「落ちる」
　→「好機、機会」
　さらに→「場合」

cid, cas
落ちる

《 もう一歩 踏み込んで! 》

■行き当たりばったりに着るのが「カジュアル」?
　casual は「落ちる」から「偶然の、何気ない」の意味になった語です。「(衣服が)カジュアルな」の意味は「何気ない」→「略式の」からきています。

16 終わり良ければすべて fine

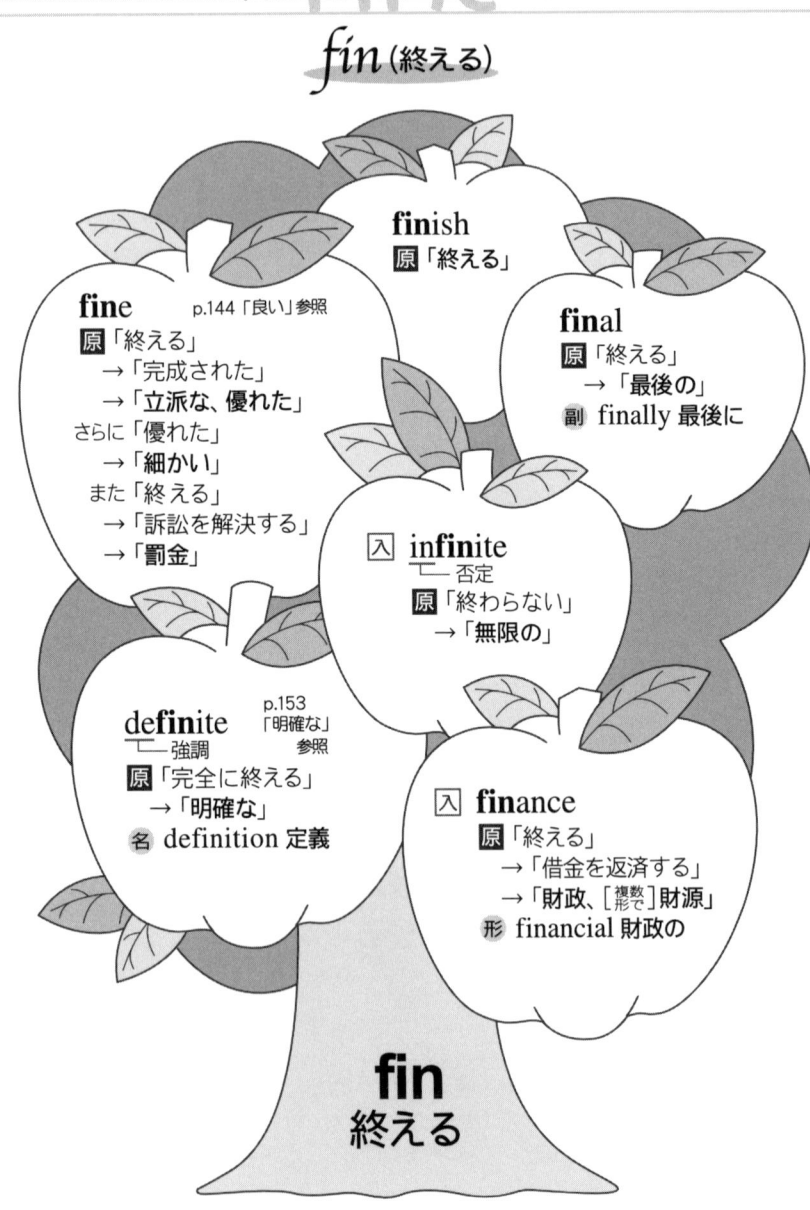

fin (終える)

finish
原「終える」

fine p.144「良い」参照
原「終える」
→「完成された」
→「立派な、優れた」
さらに「優れた」
→「細かい」
また「終える」
→「訴訟を解決する」
→「罰金」

final
原「終える」
→「最後の」
副 finally 最後に

入 **infinite**
└─ 否定
原「終わらない」
→「無限の」

de**fin**ite p.153「明確な」参照
└─ 強調
原「完全に終える」
→「明確な」
名 definition 定義

入 **finance**
原「終える」
→「借金を返済する」
→「財政、[複数形で]財源」
形 financial 財政の

fin
終える

まったく違う2つの意味を持つ単語は英語には珍しくありませんが、知らずにいると文章の意味を完全に取り違える恐れがあります。

その中には well (「良く」のほかに「井戸」の意味がある) のように別々の語源を持つものと、同じ語源から異なる意味に変化したものがあります。fine は後者の例で、同じ語源から「立派な、優れた」、「細かい」、「罰金」という別々の意味が生まれました。

fine の語幹は **fin** (終える) で、「立派な、優れた」の意味は「終える」から「完成された」を経て生まれました。

また「優れた」から「純粋な」→「繊細な」→「細かい」と変化したのが第2の意味、「終える」から「訴訟を解決する」→「訴訟の解決に伴って支払われる示談金」→「罰金」と変化したのが第3の意味です。

ちなみに finance は「終える」から「借金を返済する」→「支払い」→「財政」と変化した語で、fine の「罰金」の意味と同様の経路をたどったことがわかります。

例文

a **fine** house：立派な家　　**fine** powder：細かい粉

She paid a **fine** of $70 for speeding.
　彼女はスピード違反で70ドルの罰金を払った。

It is **definite** that they will win.　彼らが勝つのは確実だ。

the **financial** world：財界　　**financial** ability：財力

もう一歩 踏み込んで！

■もう1つの fine も……

「終わり」を意味する音楽用語「フィーネ」はイタリア語ですが、やはり fine とつづります。これが同語源であることは一目瞭然ですね。

■そしてフィナーレ

演劇や音楽の「大詰め」を意味する「フィナーレ」もイタリア語で、finale とつづりますが、これもまた同語源です。

17 レシートは立派な領収書

cept, ceive（取る）

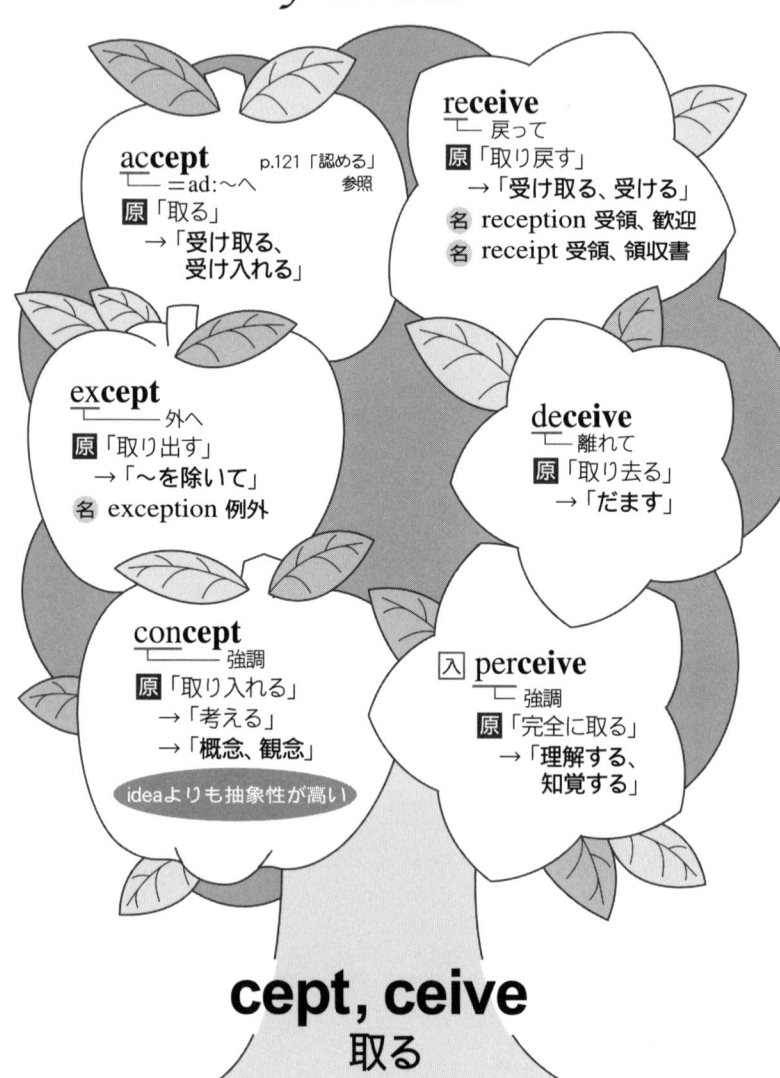

accept p.121「認める」参照
└─ =ad:〜へ
原「取る」
→「受け取る、受け入れる」

receive
└─ 戻って
原「取り戻す」
→「受け取る、受ける」
名 reception 受領、歓迎
名 receipt 受領、領収書

except
└─ 外へ
原「取り出す」
→「〜を除いて」
名 exception 例外

deceive
└─ 離れて
原「取り去る」
→「だます」

concept
└─ 強調
原「取り入れる」
→「考える」
→「概念、観念」
ideaよりも抽象性が高い

入 **perceive**
└─ 強調
原「完全に取る」
→「理解する、知覚する」

cept, ceive
取る

スーパーマーケットなどで受け取る「レシート」はしばしば印鑑を押した正式な「領収書」と区別されますが、英語の receipt はまさしく「領収書」を意味します。
　この語の動詞形 receive は語幹 **ceive**（取る）に接頭辞 re（戻って）が付いた形で、「取り戻す」の原義から「受け取る、受ける」の意味になりました。
　また、名詞形には receipt のほかに reception（受領、歓迎）がありますが、これらの語幹は **cept** です。
　ちなみに recipe もその派生語で、「取れ！」の原義から「作り方の指示」→「レシピ、料理法」と変化しました。

例文

She **accepted** me as a friend.　彼女は友人として私を受け入れた。
Everyone **except** her father knew it.
　彼女の父親以外の誰もがそれを知っていた。
the **concept** of beauty：美の観念
I **received** an invitation but did not **accept** it.
　私は招待を受けたが、それに応じなかった。
sign a **receipt**：領収書にサインする
He **deceived** me into buying the car.　彼は私をだましてその車を買わせた。
I **perceived** him entering the house.　私は彼がその家に入るのに気付いた。

もう一歩踏み込んで！

■種を取り入れれば……

　concept の動詞形は **conceive** で、原義「取り入れる」からまず「種を子宮に取り入れる」→「**妊娠する**」の意味が生まれ、次いで「**思いつく**」や「**想像する**」などの今日の主要な意味が加わりました。

■インターセプト

　アメリカン・フットボールなどの「インターセプト」でおなじみの **intercept** は inter（間で）＋cept の形で、「間で取る」から「**途中で奪う、さえぎる**」の意味になった語です。

18 ジュッ！と1杯エスプレッソ

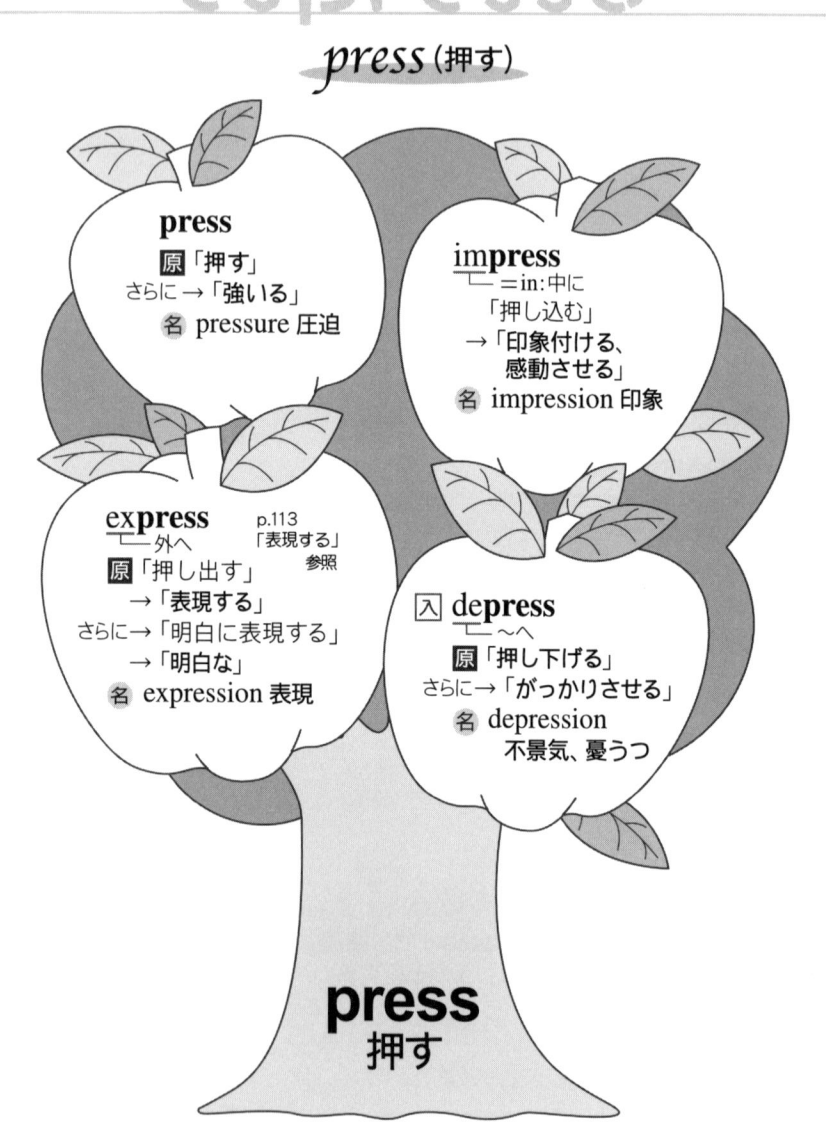

press（押す）

press
原「押す」
さらに →「強いる」
名 pressure 圧迫

impress
= in : 中に
「押し込む」
→「印象付ける、感動させる」
名 impression 印象

express p.113
外へ 「表現する」
原「押し出す」 参照
→「表現する」
さらに →「明白に表現する」
→「明白な」
名 expression 表現

depress
入 ～へ
原「押し下げる」
さらに →「がっかりさせる」
名 depression
不景気、憂うつ

press
押す

クイズ **suppress** の意味を当ててみよう。sup は sub（下に）の変化形。

42

「エスプレッソ (espresso)」と呼ばれるコーヒーを知っていますか？　よく煎った豆を細かく挽き、それに蒸気を通していれた濃いコーヒーのことです。

　espresso はイタリア語ですが、es は ex の変化形で、その構成は es(=ex:外へ)+**press**(押す)です。つまりエスプレッソは「(蒸気の力で)押し出されたコーヒー」にほかなりません。

　ex+press という構成は英語の express もまったく同じです。こちらは「押し出す」の原義から「表現する」の意味になりました。

　ヨーロッパの言語はこんな形でつながっているのですね。

例文

He **pressed** the money upon her, but she didn't take it.

彼はその金を彼女に押しつけたが、彼女はそれを受け取らなかった。

My gratitude to you cannot be **expressed** by words.

あなたへの私の感謝の気持ちは言葉には表せません。

I was deeply **impressed** by his pictures.　私は彼の絵に深く感動した。

I had the **impression** that he was telling a lie.

私は彼が嘘をついているという印象を受けた。

The news of her marriage **depressed** him.

彼女が結婚したという知らせが彼を落胆させた。

もう一歩踏み込んで！

■急行列車はどこから来た？

　express には「表現する」「明白な」のほかに「**急行列車**」の意味があります。これは「明白な」からさらに「特別の」→「特別列車」と変化して生まれたものです。「押し出す」の原義がそのまま残っている「エスプレッソ」に対し、こちらは長い変遷をとげた意味であることがわかります。

A クイズ解答：**suppress**：「下に押す」→「押し下げる」→「抑える」、抑圧する。

第1部　英単語を語幹別に覚える

19　train は「車の列」だった

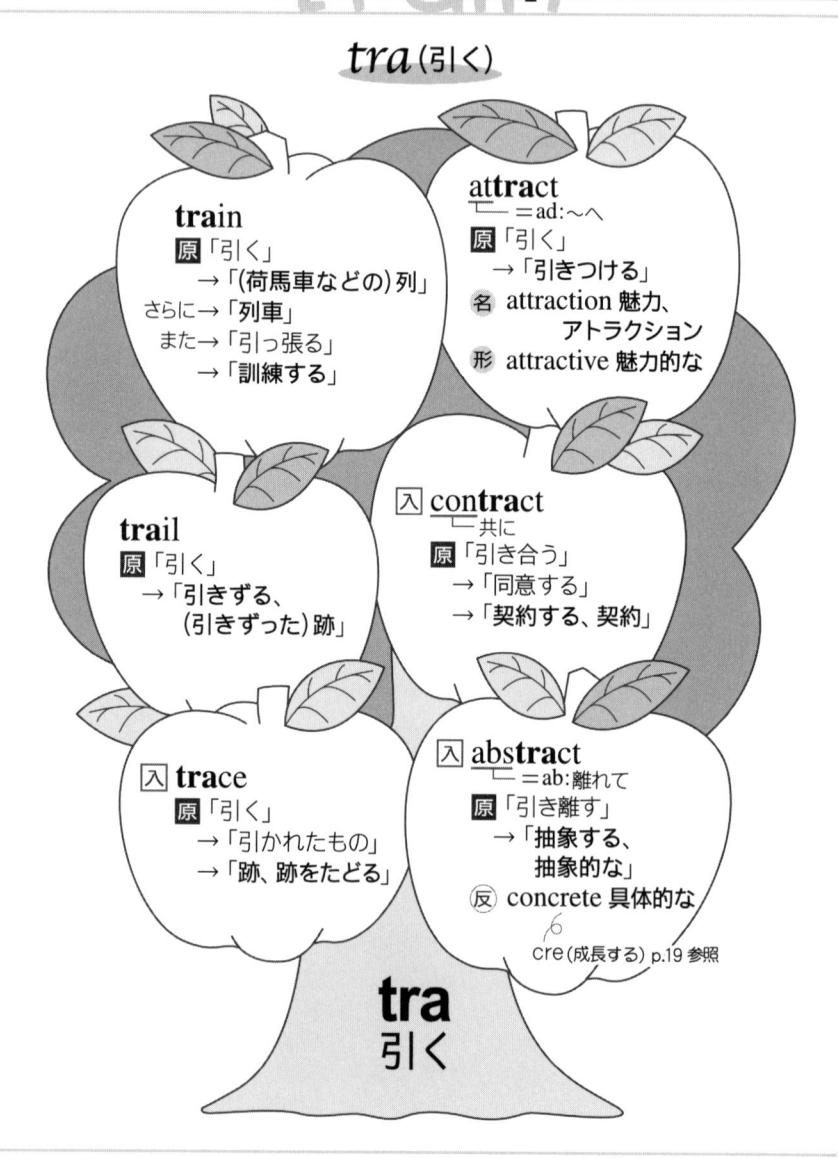

tra（引く）

train
原「引く」
→「（荷馬車などの）列」
さらに→「列車」
また→「引っ張る」
→「訓練する」

attract
=ad:〜へ
原「引く」
→「引きつける」
名 attraction 魅力、アトラクション
形 attractive 魅力的な

trail
原「引く」
→「引きずる、（引きずった）跡」

入 contract
共に
原「引き合う」
→「同意する」
→「契約する、契約」

入 trace
原「引く」
→「引かれたもの」
→「跡、跡をたどる」

入 abstract
=ab:離れて
原「引き離す」
→「抽象する、抽象的な」
反 concrete 具体的な
cre（成長する）p.19 参照

tra
引く

クイズ extract の意味を当ててみよう。ex は「外に」。

44

trainが「列車、電車」を意味することは誰でも知っているでしょうが、考えてみれば列車が登場したのは産業革命以降のこと、trainという語の方がはるかに古いのです。

その語幹は**tra**(引く)で、「列車」の意味は「引きずるもの」→「(荷馬車などの)列」を経て19世紀に生まれました。ちなみに西部劇に登場する「幌馬車隊」はwagon trainと言います。

また、この語には「訓練する」の意味もありますが、こちらは「引っ張る」から「(木の枝を引っ張るなどして)好みの形に仕立てる」を経て16世紀に生まれました。つまり「列車」よりも「トレーニング」の意味の方が先輩というわけです。

例 文

The girl was **trailing** her long skirt on the floor.

その少女は長いスカートを床に引きずっていた。

He was **attracted** by her elegance. 彼は彼女の優雅さに引かれた。

make a **contract** with 〜 : 〜と契約を結ぶ

もう一歩踏み込んで!

■contractの2つの意味

contractには「契約する」のほかに「**縮む**」の意味もありますが、これは「引き合う」→「引き締める」→「縮む」と変化したものです。「引き合う」という原義にさかのぼれば、「契約する」と「縮む」というまったく違う意味が生まれた経緯がわかりますね。

■トラクター、トレーラー

tractorも同語源で、「引くもの」すなわち「**牽引機、トラクター**」の意味です。またtrailの派生語**trailer**は「引いていくもの」から「トレーラー」の意味になった語です。

クイズ解答 **extract**:「引き出す」→「搾り取る、抽出物(エキス)」。

第1部 英単語を語幹別に覚える

20 悲劇の Pretender

tend (伸ばす)

tend
原「伸ばす」
→「向かう」
→「〜の傾向がある」
名 tendency 傾向

pretend
pre 前に
原「前に伸ばす」
→「権利を主張する」
→「偽る、〜のふりをする」

extend
ex 外に
原「外に伸ばす」
→「伸ばす、延長する」
名 extension 延長、拡張
名 extent 広がり、程度、範囲

attend
at =ad:〜へ
原「〜に(心を)伸ばす」
→「注意する」
さらに→「世話する、仕える」
さらに→「出席する」
名 attention 注意
名 attendance 出席

intend
in ここでは「〜に」
原「〜に(心を)伸ばす」
→「意図する」
名 intention 意図

tend
伸ばす

pretendは「〜のふりをする」という意味ですから、pretenderは「〜のふりをする人」のことです。けれども英国史(18世紀)に登場する2人の人物、Old Pretender と Young Pretender は決して「ふりをする人」ではありませんでした。

the Old Pretender ことジェイムズ・スチュアートは国王ジェイムズ2世の後妻の子で、王位継承権を主張して反乱を起こしましたが、戦いに敗れて英国王にはなれませんでした。そして、その子エドワード (the Young Pretender) も同様の道をたどりました。つまり彼らは「王位を要求する者」ということで Pretender と呼ばれたのです。

pretend は語幹 **tend**(伸ばす)に「前に」を意味する接頭辞 pre が付いた形ですから、原義は「前に伸ばす」であり、そこから長い間「権利を主張する」の意味で使われていました。

ところがいつの頃からか「偽りの権利を主張する」者が現れ始め、この語の意味も「偽る、〜のふりをする」に変わってしまったのです。

例 文

She **tends** to get easily excited. 彼女はすぐに興奮する傾向がある。
She **pretended** not to hear him. 彼女は彼の言うことが聞こえないふりをした。
attend a sick person：病人の世話をする　　**attend** church：教会へ行く

((もう一歩 踏み込んで!))

■「伸ばされ」れば「ぴんと張る」

tense もこのグループに属する語で、その意味は「伸ばされた」→「張られた」→「緊張した」と変化しました。名詞形は **tension**(緊張)です。

intense は intend の派生語で、「伸ばされた」から「ぴんと張った」を経て**強烈な、熱心な**の意味になりました。同様の経路をたどって、**intensive** は「**集中的な**」の意味になりました。

■ テント

tent も同語源です。「**テント**」の意味は「張られたもの」からきています。

21　post のもとは「飛脚の駅」

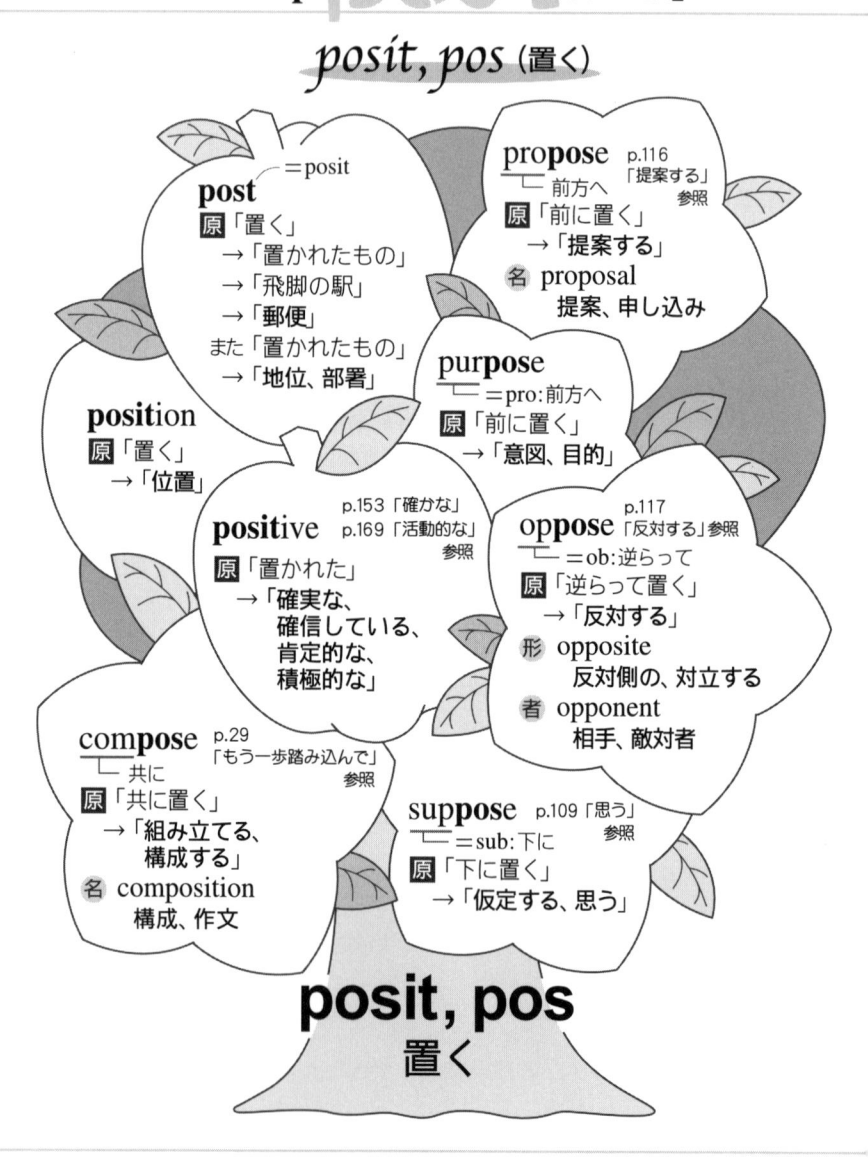

posit, pos (置く)

post =posit
原「置く」
→「置かれたもの」
→「飛脚の駅」
→「郵便」
また「置かれたもの」
→「地位、部署」

propose p.116「提案する」参照
└ 前方へ
原「前に置く」
→「提案する」
名 proposal
　提案、申し込み

position
原「置く」
→「位置」

purpose
└ =pro:前方へ
原「前に置く」
→「意図、目的」

positive p.153「確かな」 p.169「活動的な」参照
原「置かれた」
→「確実な、確信している、肯定的な、積極的な」

oppose p.117「反対する」参照
└ =ob:逆らって
原「逆らって置く」
→「反対する」
形 opposite
　反対側の、対立する
者 opponent
　相手、敵対者

compose p.29「もう一歩踏み込んで」参照
└ 共に
原「共に置く」
→「組み立てる、構成する」
名 composition
　構成、作文

suppose p.109「思う」参照
└ =sub:下に
原「下に置く」
→「仮定する、思う」

posit, pos
置く

クイズ **expose** の意味を当ててみよう。ex はここでは「前に」。

post を英和辞典でひくと、普通は①「郵便」、②「柱」、③「地位、部署」の3つの項目が並べられています。一見互いに関係がないように思われますが、実は①と③は同語源で、「ゴールポスト」でおなじみの②「柱」の post だけが別語源なのです。

①の意味は原義の「置く」から「置かれたもの」→「飛脚の駅」→「飛脚」と変遷して「郵便」に、③の意味は同じく「置く」から「置かれたもの」を経て「地位、部署」になりました。

このグループの語幹は **posit** および **pos**（置く）で、post の場合は少し変形しています。

例 文

I wonder if the **post** has come.　郵便は来たかしら？
She obtained a **post** in the library.　彼女はその図書館に職を得た。
a **positive** denial：はっきりした否定　　a **positive** answer：肯定的な返事
He **proposed** visiting the place.　彼はその場所を訪れることを提案した。
She came here for that **purpose**.　彼女はその目的でここに来た。
The man was **supposed** to be guilty.　その男は有罪だと考えられていた。
compose a piece of music：1曲作る　　be **composed** of 〜：〜から成る

もう一歩 踏み込んで!

■自然な語幹 pon

postpone（延期する）もこのグループに属します。ただし、前半の post は「後に」を意味する接頭辞で、後半の pon が語幹です。実はこのグループはラテン語 ponere（置く）を語源としており、pon がもっとも自然な語幹と言えるのです（posit は ponere の過去分詞形から生まれた）。postpone の「延期する」の意味は「後に置く」からきたものです。

Ⓐクイズ解答　**expose**：「外に置く」→「さらす、あばく」。

22 宙吊り状態が suspense

pend, pens (hang：掛ける、weigh：重さを量る)

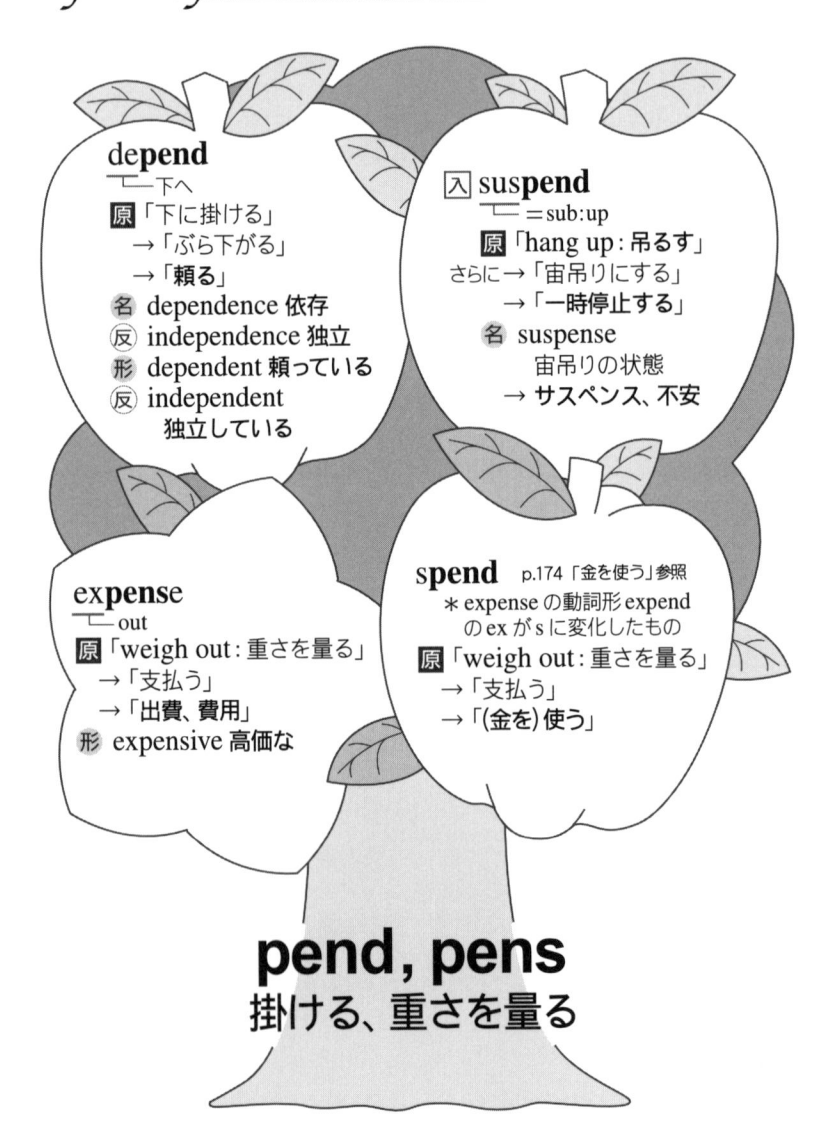

depend
- de ─ 下へ
- 原「下に掛ける」
  → 「ぶら下がる」
  → 「頼る」
- 名 dependence 依存
- 反 independence 独立
- 形 dependent 頼っている
- 反 independent 独立している

入 suspend
- sus ─ = sub：up
- 原「hang up：吊るす」
  さらに → 「宙吊りにする」
  → 「一時停止する」
- 名 suspense 宙吊りの状態
  → サスペンス、不安

expense
- ex ─ out
- 原「weigh out：重さを量る」
  → 「支払う」
  → 「出費、費用」
- 形 expensive 高価な

spend　p.174「金を使う」参照
＊expense の動詞形 expend の ex が s に変化したもの
- 原「weigh out：重さを量る」
  → 「支払う」
  → 「(金を)使う」

pend, pens
掛ける、重さを量る

推理ものの小説やドラマなどで「サスペンス」という言葉がよく使われますが、この「サスペンス(suspense)」はもともとどういう意味なのでしょうか？

suspense は「**掛ける**」という意味の語幹 **pens** に接頭辞 sus(=sub：up)が付いた形で、hang up すなわち「吊るす」が原義です。つまり読者や観客の気持ちを「宙吊りにする＝不安で落ち着かない状態に置く」のが suspense というわけです。

また、同語源の depend(頼る、語幹は **pend**)も以前は「ぶら下がる」を意味していました。

一方この語幹は「掛ける」から「(天秤に掛けて)重さを量る」へと意味が進展し、そこから expense(出費、費用)や spend((金を)使う)など金銭の支払いに関係する語が生まれました。昔は貨幣の重さを量って支払いをしていたためです。

例 文

That **depends** on circumstances. それは状況しだいだ。
suspend business：営業を一時停止する　　a **suspended** game：一時停止試合
at one's (own) **expense**：自費で　　living **expenses**：生活費
She **spends** a lot of money on clothes. 彼女は多くの金を衣服に費やす。

もう一歩踏み込んで！

■ペンダント、ペンディング、ペンション

このグループにはカタカナ語として日本語に入っているものがいくつかあります。「ペンダント」は **pendant** とつづり、本来は「ぶら下がっているもの」を意味します。

「ペンディング」の **pending** は suspend と同じく「宙吊りになっている」から「**未解決の**」の意味になった語です。

pension は expense と同じく「支払う」が原義で、「支払われた金」から「**年金**」の意味になりまた。宿泊施設としての「ペンション」は「支払う」→「年会費」→「寄宿料」→「下宿屋」→「**下宿式の小ホテル**」と変化したものです。

23 重ね合わせるのが apply

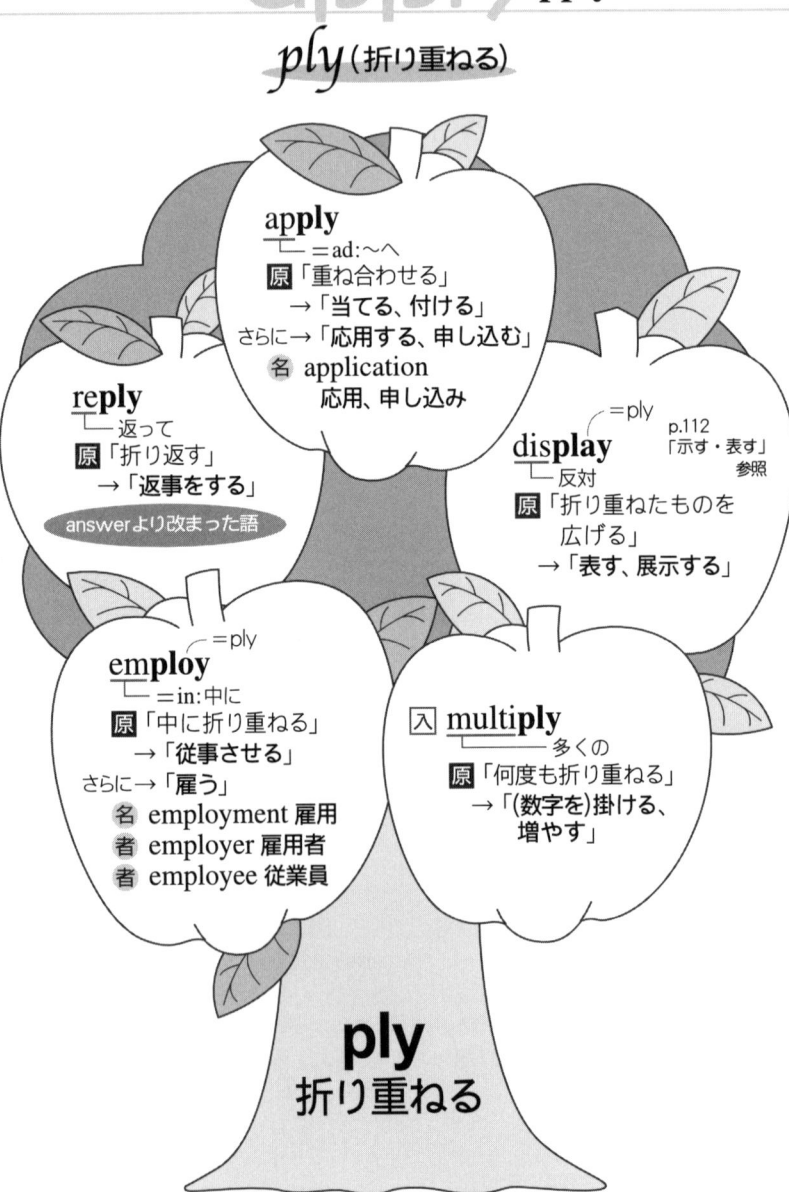

ply（折り重ねる）

apply
└ =ad:〜へ
原「重ね合わせる」
→「当てる、付ける」
さらに→「応用する、申し込む」
名 application 応用、申し込み

reply
└ 返って
原「折り返す」
→「返事をする」
answerより改まった語

display =ply p.112「示す・表す」参照
└ 反対
原「折り重ねたものを広げる」
→「表す、展示する」

employ =ply
└ =in:中に
原「中に折り重ねる」
→「従事させる」
さらに→「雇う」
名 employment 雇用
者 employer 雇用者
者 employee 従業員

入 **multiply**
└ 多くの
原「何度も折り重ねる」
→「(数字を)掛ける、増やす」

ply
折り重ねる

applyには「当てる、付ける、応用する、申し込む」などさまざまな意味がありますが、語幹**ply**（折り重ねる）にap（=ad:〜へ）が付いた構成からわかる通り、本来は「AをBに重ね合わせる」という意味でした。

つまり「当てる」が当初の意味に近く、「申し込む」などは後になって生まれた意味であることがわかります。

語幹が少し変形していますが、**display**もapplyの仲間で、接頭辞dis（反対）+play、すなわち「折り重ねたものを広げる」から「表す、展示する」の意味になりました。

例文

apply a bandage：包帯をする　　**apply** paint to a wall：壁にペンキを塗る
It **applies** very well in this case.　それはこの場合によくあてはまる。
She was **employed** as an assistant.　彼女は助手として雇われた。

もう一歩踏み込んで!

■「1重」って何のこと？

語源的にplyと関係のある語幹に**ple**があり、やはり「重ねる」を意味します。**triple**はtri（3）+pleから「3重の」の意味に、**double**はdou（=duo:2）+ble（=ple）から「2重の」の意味になった語です。

また、**simple**（単純な）はsim（1、同じ）+pleで「1重の」という構成の語で、文字通りには「1重の」を意味します。

■complicateは「共に折り重ねる」

complicate（複雑にする）もこのグループに属します。com（共に）+ple（=ply）という構成の語で、原義は「共に折り重ねる」です。

■supplyは別語源

supply（供給する）はapplyやreplyと同じ形をしていますが、別語源で、その語幹**ply**は「満たす」という意味です。

COLUMN 覆いを取り除けば……

display と同じように、「覆う」や「包む」などの意味の語幹に「反対」の意味の接頭辞が付いて、「広げる」や「見つける」の意味になった語がいくつかありますので、ここで紹介しましょう。

dis**cover**
dis = 反対 / 語幹 cover：覆う
動 cover「覆う」
原「覆いを取り除く」
→「**発見する**」
名 discovery 発見

en**velop**
en = 中に / 語幹 velop：包む
原「中に包む」
→「**包む**」
派 envelope
　　包むもの
　→ 封筒

de**velop**
de = 反対
原「包みを解く」
→「**展開する、発達する**」
名 developement 発達、開発

pro**tect** ～ p.139「守る」参照
pro = 前に / 語幹 tect：覆う
原「前を覆う」
→「**保護する**」
名 protection 保護

de**tect**
de = 反対
原「覆いを取り除く」
→「**見つける、探り当てる**」

re**veal**
＝veil（ここでは「反対」）／ 語幹 veil：覆い
名 veil「ベール、覆い」
原「覆いを取り除く」
→「**あばく**」

24　「観察する」と「守る」の共通点は？

serv(watch：見守る、keep：守る)

　observeには「観察する、気づく」のほかに「守る」という意味がありますが、両者の共通点は何でしょうか？　observeは**serv**（**watch**：見守る、**keep**：守る）という語幹に接頭辞ob（ここではoverの意味）が付いた形で、原義はwatch overすなわち「見守る」でした。それからまず「守る」の意味が生まれ、後に同じ「見守る」から「観察する」の意味が生まれたのです。

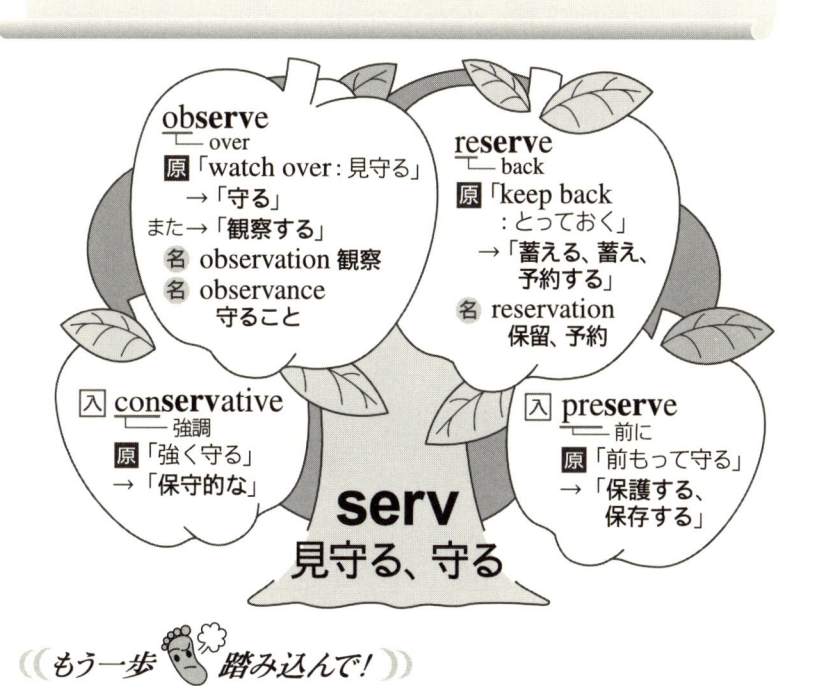

observe
└ over
原「watch over：見守る」
→「守る」
また→「観察する」
名 observation 観察
名 observance 守ること

reserve
└ back
原「keep back：とっておく」
→「蓄える、蓄え、予約する」
名 reservation 保留、予約

入 **con**servative
└ 強調
原「強く守る」
→「保守的な」

入 **pre**serve
└ 前に
原「前もって守る」
→「保護する、保存する」

serv
見守る、守る

((もう一歩 踏み込んで!))

■よく仕える奉公人は……
　serve（仕える）とdeserve（〜に値する）の語幹はservですが、こちらは「仕える」という意味で、「見守る、守る」のグループとは別です。なおdeserveのdeはここでは強調で、原義は「十分に仕える」でした。よく仕える奉公人には価値があったわけです。

25 座を保つ人が entertainer？

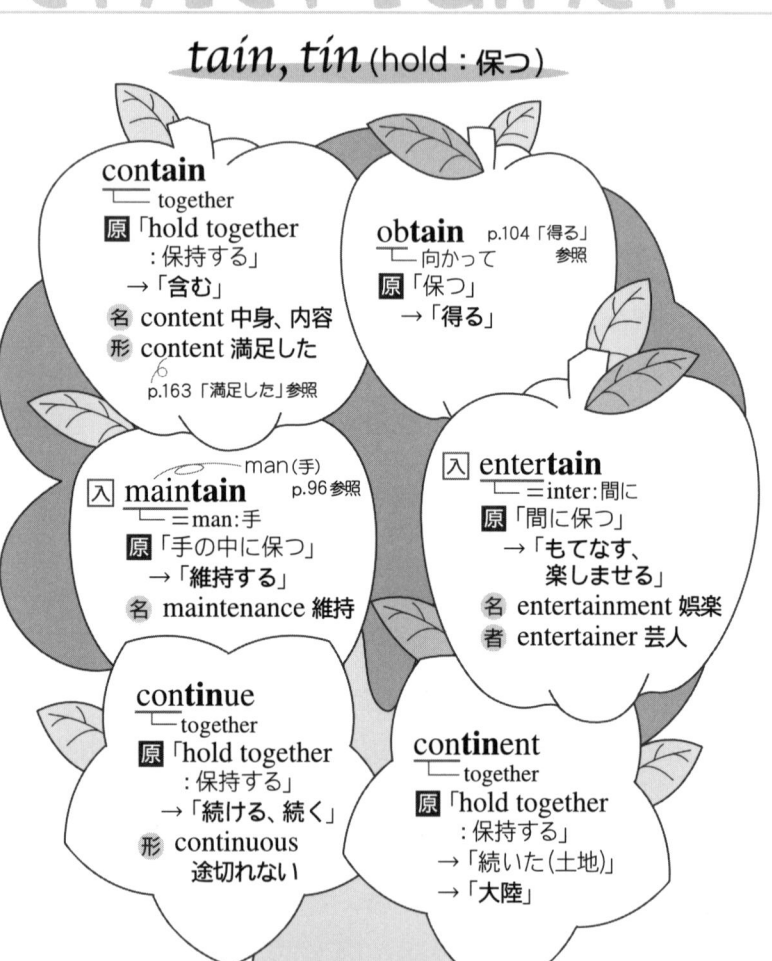

tain, tin (hold：保つ)

contain
└ together
原「hold together：保持する」
→「含む」
名 content 中身、内容
形 content 満足した
p.163「満足した」参照

obtain p.104「得る」参照
└ 向かって
原「保つ」
→「得る」

入 **maintain**
└ man（手）p.96参照
＝man：手
原「手の中に保つ」
→「維持する」
名 maintenance 維持

入 **entertain**
└ ＝inter：間に
原「間に保つ」
→「もてなす、楽しませる」
名 entertainment 娯楽
者 entertainer 芸人

continue
└ together
原「hold together：保持する」
→「続ける、続く」
形 continuous 途切れない

continent
└ together
原「hold together：保持する」
→「続いた（土地）」
→「大陸」

tain, tin
保つ

クイズ sustain の意味を当ててみよう。sus はここでは「下から」。

56

contentには「中身（名詞）」のほかに「満足した（形容詞）」の意味がありますが、両者は一般につづりが同じ別の語として扱われます。とは言え、この2つは共にcontain（含む）の派生語であり、兄弟であることに変わりありません。

　containは**hold**（保つ）を意味する語幹**tain**に接頭辞con（＝together）が付いた形で、hold togetherすなわち「保持する」の原義から「含む」の意味になりました。

　contentの名詞の意味はこの「保持する」から「中身、内容」と変化し、形容詞の意味は「保持する」→「足りる」→「満足した」と変化したものです。

　このグループの語幹にはtainのほかに**tin**があります。

例 文

These foods **contain** vitamin A.　これらの食品はビタミンAを含んでいる。
They **obtained** support from abroad.　彼らは国外から援助を受けた。
maintain a business：商売を続ける　　**maintain** peace：平和を維持する

もう一歩踏み込んで！

■テノール

　男声の最高音域を表す**tenor**（テノール）もこのグループに属します。その意味は「保つ者」すなわち「定旋律を受け持つ者」からきています。

■テニス

　tennis（テニス）もこのグループの仲間です。これは直接的にはフランス語tenir（持つ、保つ。tainと同語源）の命令形tenezからきた語で、その昔サーバーがサーブを打つとき相手に向かって"Tenez！"（受けてみろ！）と叫んだ慣わしが起源とされています。

クイズ解答 sustain：「下から支える」→「支える」。

26　ミッションスクールはハイカラか？

mit, mis (send：送る)

admit p.121「認める」参照
― ～へ
原「～に送る」
→「認める、入れる」
名 admission 入場、承認

mission
原「送り出す」
→「使命、使節(団)、布教」

permit p.120「許す」参照
― 通して
原「通して送る」
→「許す」
名 permission 許可

message ＝mis
原「送るもの」
→「伝言、メッセージ」
者 messenger 使者

commit
― 共に
原「共に送る」
→「ゆだねる」
さらに→「行う」
→「(罪を)犯す」
者 committee
ゆだねられた者
→ 委員会

promise
― 前方へ
原「前に送る」
→「前に言う」
→「約束する」
形 promising
予言する
→ 将来有望な

入 **dismiss**
― away
原「send away：追い払う」
→「去らせる、解雇する」

入 **omit**
＝ob：ここでは「わきへ」
原「除ける」
→「省略する」

mit, mis
送る

クイズ transmit の意味を当ててみよう。trans は「越えて」。

今日ではやや古めかしい響きを持つ「ミッションスクール」は和製語で、正しくはChristian school（キリスト教の学校）と言います。
　missionには「布教」という意味があり、mission schoolは英語として誤りというわけではありませんが、「アフリカの奥地に入った宣教師が現地の子どもを集めて読み書きを教える場所」というイメージになります。
　ハイカラな日本の「ミッションスクール」とは大違いですが、明治時代にはじめてChristian schoolを設立した当時、欧米の宣教師にとって日本はアフリカの奥地とさほど違わない場所だったかもしれません。
　さてこのmissionの語幹は**mis**（送る）です。このグループの語幹にはもう１つ**mit**がありますが、この２つの形は語源のラテン語mittere（送る）とその過去分詞形missusに由来します。

例文

I **admit** that I stole the money. 私はそのお金を盗んだことを認める。
I **permitted** him to stay there. 私は彼がそこにとどまることを許した。
commit a boy to her：少年を彼女に預ける　　**commit** a crime：罪を犯す
send a trade **mission**：貿易使節団を送る　　a secret **mission**：秘密の使命
make a **promise**：約束する　　a **promising** new player：有望な新人選手
He was **dismissed** from school. 彼は退学になった。

もう一歩踏み込んで！

■簡単に「送ることのできる」武器

　missile（ミサイル）（発音は[ミスル、ミサイル]）もこのグループに属します。語尾のileは「〜できる」の意味ですから、原義は「送る（投げる）ことのできる」であり、17世紀から「飛び道具」の意味に使われていました。現代のmissileはボタン１つで発射が可能な、実に簡単に「送ることのできる」武器です。

クイズ解答　**transmit**：「越えて送る」→「送る、伝える」。

第１部　英単語を語幹別に覚える **59**

27 前に投げれば project

ject（投げる）

「大型プロジェクト」や「プロジェクト・チーム」などの用語に見られるように、今日の企業では何かにつけて「プロジェクト」がもてはやされています。「計画、企画」という意味にすぎないのですが、「プロジェクト」の方がよりスマートで力強く感じられるからのようです。

この project の語幹は ject（投げる）です。pro は「前方へ」という意味の接頭辞ですから、原義は「前方へ投げる」で、そこから「投射する」あるいは「計画する、計画」といった意味が生まれました。

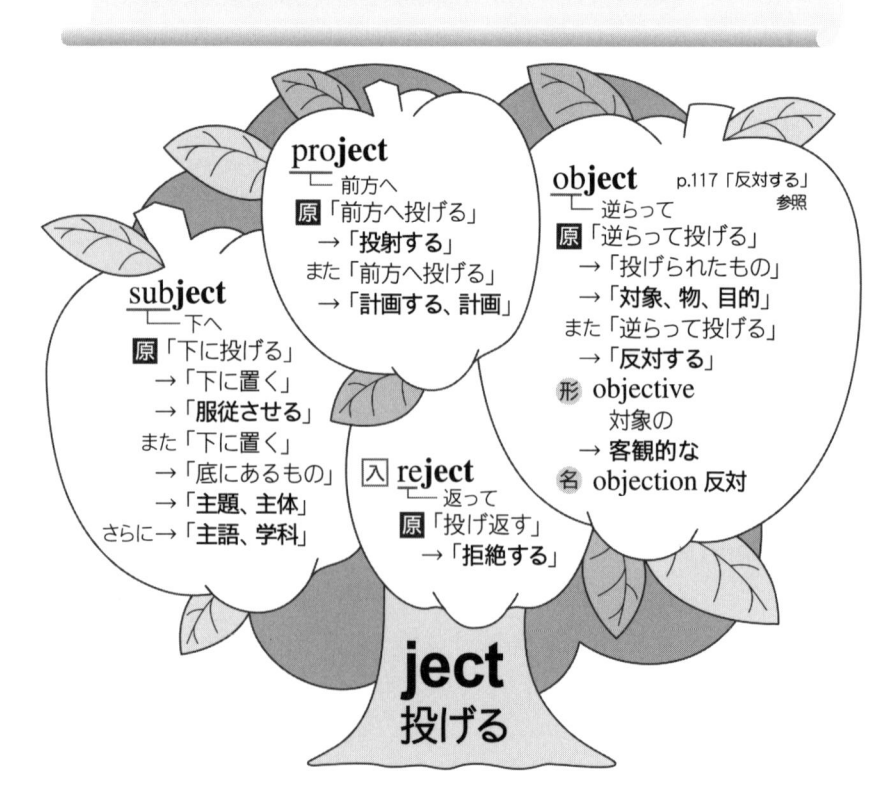

---

project
└ 前方へ
原「前方へ投げる」
→「**投射する**」
また「前方へ投げる」
→「**計画する、計画**」

object　p.117「反対する」参照
└ 逆らって
原「逆らって投げる」
→「投げられたもの」
→「**対象、物、目的**」
また「逆らって投げる」
→「**反対する**」
形 objective
　対象の
→ **客観的な**
名 objection 反対

subject
└ 下へ
原「下に投げる」
→「下に置く」
→「**服従させる**」
また「下に置く」
→「底にあるもの」
→「**主題、主体**」
さらに→「**主語、学科**」

入 **re**ject
└ 返って
原「投げ返す」
→「**拒絶する**」

ject
投げる

28 解任が失望のもと

point (突き刺す)

disappoint(失望させる)は appoint(任命する)に接頭辞 dis(反対を表す)が付いた形です。つまりこの語の当初の意味は「任命を解く」すなわち「解任する」で、そこから「失望させる」の意味が生まれたのです。語幹 **point** は「**突き刺す**」の意味で、英単語の point は「突き刺す」→「先端」→「点」と変化しました。

point
原「突き刺す」
→「先端」
→「点」

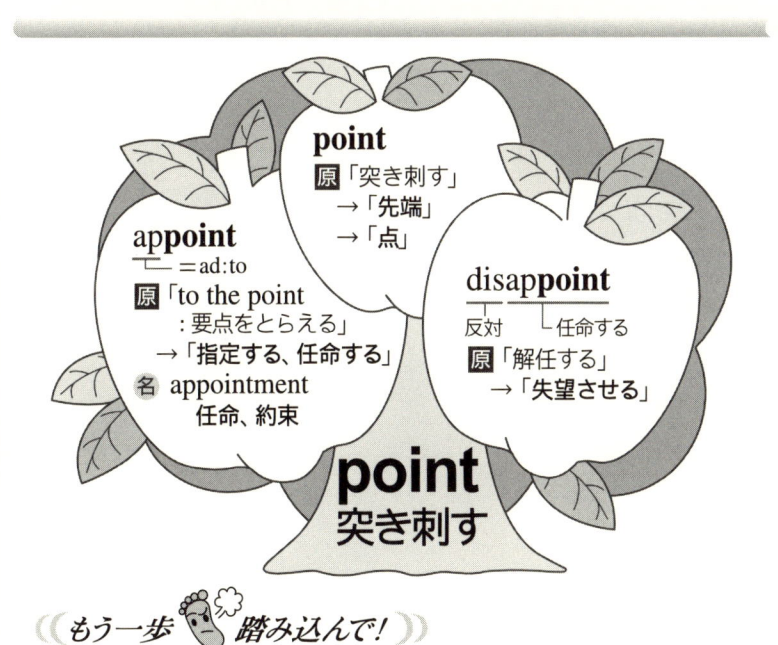

appoint
ap = ad:to
原「to the point : 要点をとらえる」
→「指定する、任命する」
名 appointment
任命、約束

dis**appoint**
反対 ― 任命する
原「解任する」
→「失望させる」

point
突き刺す

もう一歩踏み込んで!

■punctual と「パンク」

形はやや違いますが、**punctual** も point と同語源で、その意味は「突き刺す」→「正確な」→「時間厳守の」と変遷しました。

「タイヤがパンクする」のもとになっている **puncture**(穴、パンク)もこのグループに属し、「突き刺す」から「穴をあける」の意味になりました。ただし、「パンクする」は英語では普通 **have (get) a flat tire** と言います。

29　魚釣りこそ最高のスポーツ

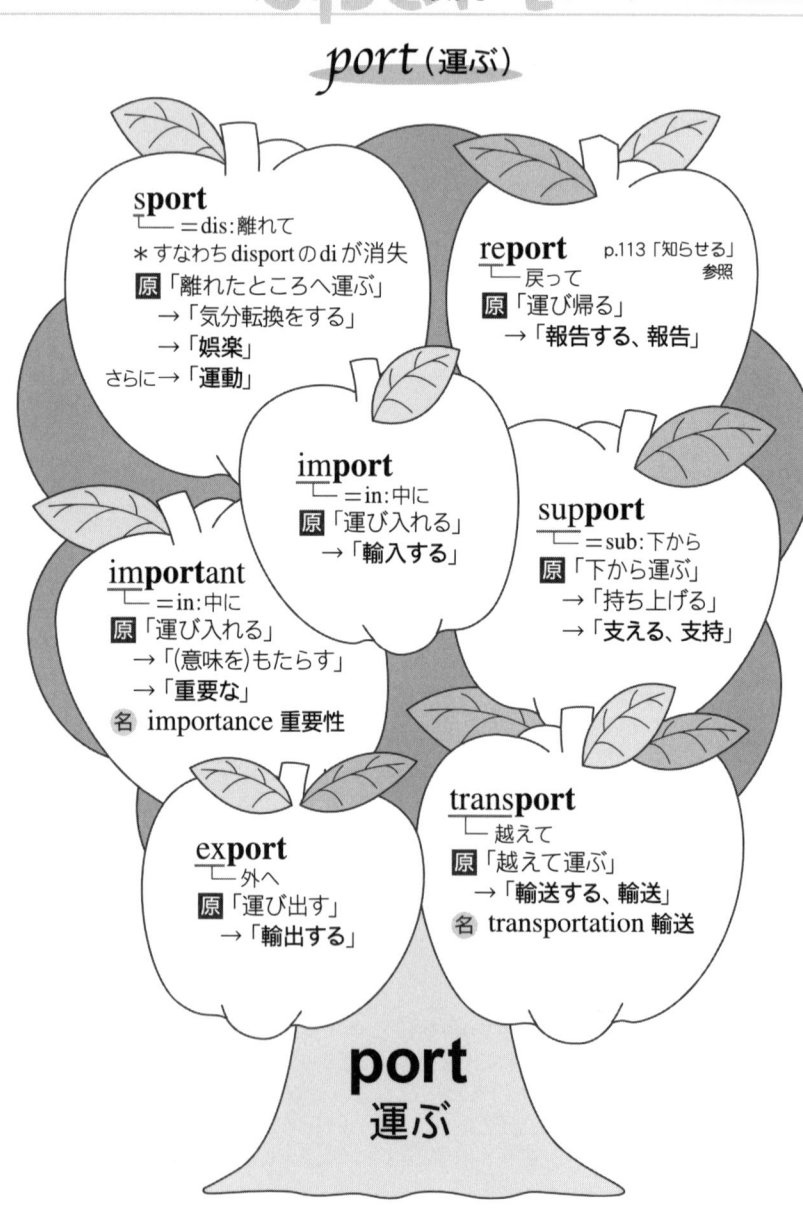

port（運ぶ）

sport
- = dis: 離れて
- ＊すなわち disport の di が消失
- 原「離れたところへ運ぶ」
  - →「気分転換をする」
  - →「娯楽」
- さらに→「運動」

report p.113「知らせる」参照
- 戻って
- 原「運び帰る」
  - →「報告する、報告」

import
- = in: 中に
- 原「運び入れる」
  - →「輸入する」

support
- = sub: 下から
- 原「下から運ぶ」
  - →「持ち上げる」
  - →「支える、支持」

important
- = in: 中に
- 原「運び入れる」
  - →「(意味を)もたらす」
  - →「重要な」
- 名 importance 重要性

export
- 外へ
- 原「運び出す」
  - →「輸出する」

transport
- 越えて
- 原「越えて運ぶ」
  - →「輸送する、輸送」
- 名 transportation 輸送

port
運ぶ

スポーツとは運動のことであり、当然体を動かすものと思うかもしれませんが、英語の sport は日本語の「スポーツ」よりも範囲が広く、かつて英国貴族の間では自分が体を動かすことよりも馬を走らせることが sport でした。

この語 sport は語幹 **port**（運ぶ）に dis（離れて）が付いた語、つまり disport の di が消失して生まれたものです。意味は「離れたところへ運ぶ」から「（自分を仕事から）別の場所に運ぶ」→「気分転換をする」と変化して「娯楽」になりました。

つまり、勝つための苦しい練習より、魚釣りの方がはるかに sport しているわけです。

例文

It was great **sport** to make a tree house.
樹上の小屋を作るのはとてもおもしろかった。
She decided to **support** herself at last. 彼女はついに自活する決心をした。

もう一歩踏み込んで！

■ポータブル、ポーター

portable は port + able（〜できる）、つまり「運ぶことのできる」から「**携帯用の**」になった語です。また **porter** は「**（荷物を）運ぶ人**」です。

■opportunity は「港に向かう風」

このグループと同形の語幹に **port**（港）があります。英単語 **port**（港）は当然こちらに属します。

opportunity は op（=ob：〜に向かって）+ port と分解できる語で、「港に向かう（風）」から「**好都合なこと、好機**」の意味になりました。
passport（パスポート）には説明はいらないですね。

■賞金稼ぎが athlete

sportsman は「狩猟や釣りを楽しむ人、スポーツ好きの人」のことです。日本語の「スポーツマン」に相当するのはむしろ **athlete**（**運動選手**）ですが、こちらの語源はギリシャ語の athletes（賞金のために闘う人）です。

30 離して運べば different

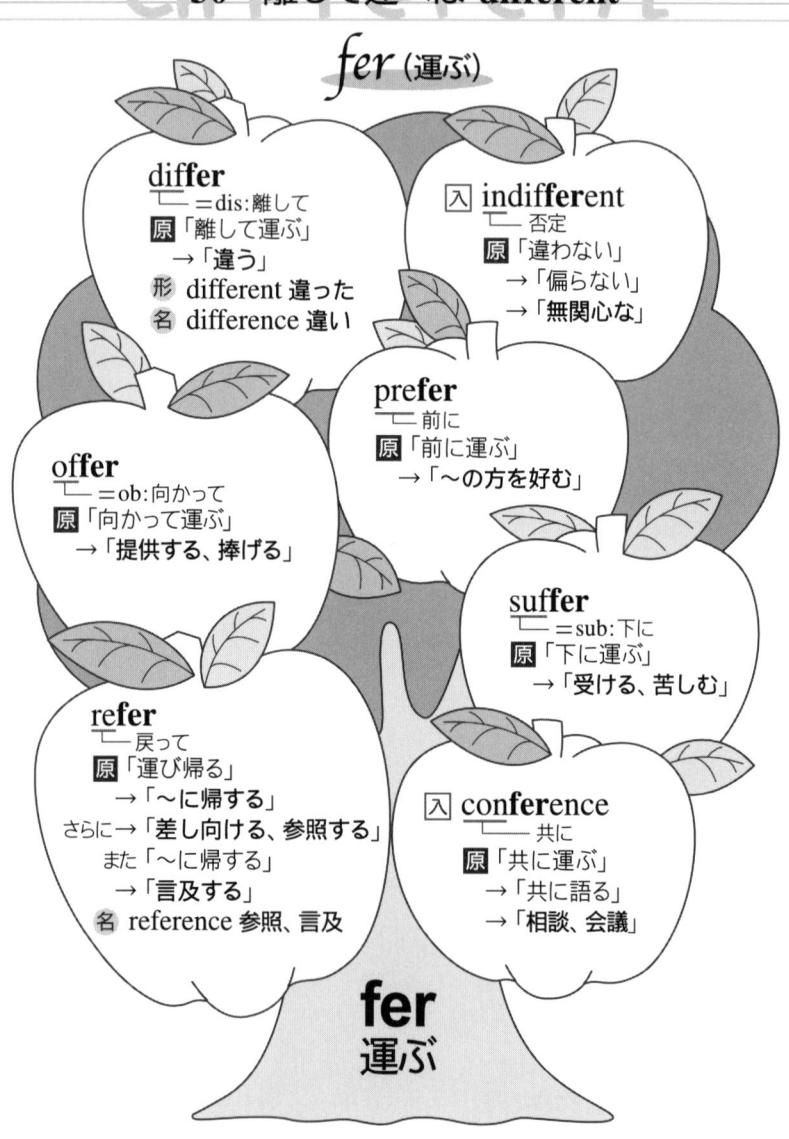

fer (運ぶ)

differ
- =dis:離して
- 原「離して運ぶ」
  → 「違う」
- 形 different 違った
- 名 difference 違い

入 indifferent
- 否定
- 原「違わない」
  → 「偏らない」
  → 「無関心な」

prefer
- 前に
- 原「前に運ぶ」
  → 「〜の方を好む」

offer
- =ob:向かって
- 原「向かって運ぶ」
  → 「提供する、捧げる」

suffer
- =sub:下に
- 原「下に運ぶ」
  → 「受ける、苦しむ」

refer
- 戻って
- 原「運び帰る」
  → 「〜に帰する」
- さらに→「差し向ける、参照する」
- また「〜に帰する」
  → 「言及する」
- 名 reference 参照、言及

入 conference
- 共に
- 原「共に運ぶ」
  → 「共に語る」
  → 「相談、会議」

fer 運ぶ

クイズ **transfer** の意味を当ててみよう。trans は「越えて」。

64

「運ぶ」を意味する語幹にはport（p.62参照）のほかにもう1つ **fer** があります。これを含むもっとも基本的な語differ（differentの動詞形）はdif（＝dis：離して）＋ferという構成で、その意味は「離して運ぶ」→「離す」→「違う」と変化しました。

またこれに否定のinが付いたindifferentは、「違わない」の原義から「偏らない」を経て「無関心な」の意味になりました。

このグループでとりわけ扱いづらいのが、さまざまな意味を持つreferです。この語の構成はre（back：戻って）＋ferで、「運び帰る」の原義から「〜に帰する、割り当てる」の意味に使われていましたが、やがて「差し向ける」「参照する」「言及する」など多くの意味が生じました。

例文

My opinion **differs** entirely from yours.
　私の意見は君のものとはまったく違う。
I **prefer** cats to dogs. 私は犬よりも猫が好きだ。
She **offered** to pay the rent. 彼女はその使用料を払うことを申し出た。
Are you **referring** to my girlfriend？ 君は僕の恋人のことを言っているのか？
They are **suffering** from lack of water. 彼らは水不足に苦しんでいる。

もう一歩 踏み込んで！

■gestureは「体の運び方」

「運ぶ」を意味する語幹にはさらに **gest** があります。**gesture**は「運ぶ」から「体を運ぶ」→「身のこなし」→「**身振り、ジェスチャー**」と変化した語です。

suggestはsug（＝sub：下から）＋gestで、「下から運ぶ」から「もたらす」を経て「**提案する**」（p.116「提案する」参照）の意味になりました。名詞形は **suggestion**（提案）。

digestはdi（＝dis：離して）＋gestで、その意味は「離して運ぶ」→「分けて整理する」→「**要約、ダイジェスト**」、また「分けて整理する」→「**消化する**」と変化しました。

Aクイズ解答　transfer：「越えて運ぶ」→「移転させる、移転、乗り換える」。

31 荷を負わせるのが charge

car, char (車)

chargeは「請求する」「非難する」「ゆだねる」「料金」など数多くの意味を持つ語ですが、恐れることはありません。その原義は「車に荷を積む」で、その比喩的な意味「重荷を負わせる」からすべてが出発しているからです。

この語は **car**(車)を語幹とする carry や career の仲間ですが、その語幹は **char** に変化しています。

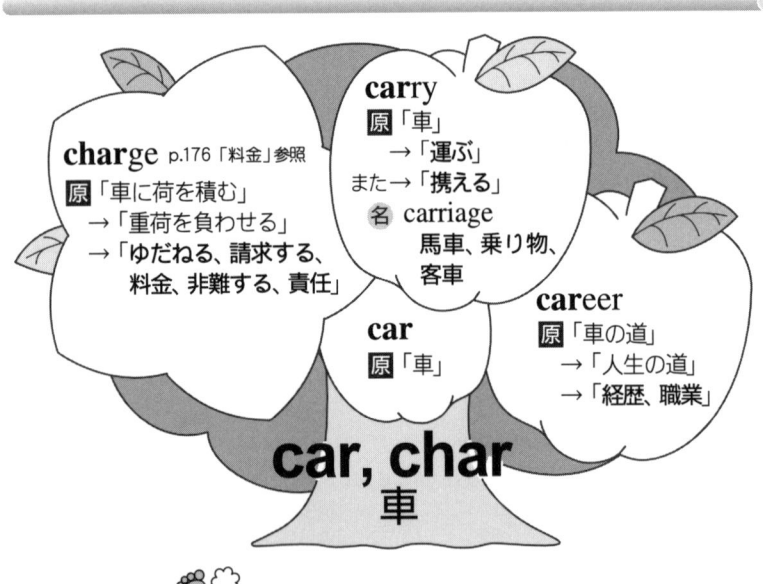

charge p.176「料金」参照
原「車に荷を積む」
→「重荷を負わせる」
→「ゆだねる、請求する、料金、非難する、責任」

carry
原「車」
→「運ぶ」
また→「携える」
名 carriage
馬車、乗り物、客車

car
原「車」

career
原「車の道」
→「人生の道」
→「経歴、職業」

car, char
車

（（もう一歩踏み込んで！））

■古代の戦車 chariot

chariot（[古代の]戦車）もこのグループに属します。chariotは2輪の車を数頭の馬に引かせて走るもので、古代ギリシャ時代には実戦に、ローマ時代には儀式あるいは競走に使われていました。スペクタクル映画(p.23参照)『ベン・ハー』には、主人公がこのchariotを疾駆させて宿敵と対決する有名な場面があります。

32　culture すなわち心身を耕すこと

col, cult (耕す)

　大聖堂で有名なドイツの都市ケルン(Köln)は英語では Cologne [コロウン] と言います。ケルンは古代ローマ人が北ヨーロッパの前線基地として築いた都市の１つで、Cologne は colony (植民地) と同語源です。

　この colony の語幹は **col** (耕す) で、その意味は「畑を耕す」→「生活を営む」→「居住する」→「居留地＝植民地」と変化しました。

　このグループの語幹にはもう１つ **cult** があり、culture や cultivate のもとになっています。culture は「畑を耕す」から「心身の訓練」を経て「教養・文化」になった語ですが、より原義に近いのはもう一方の「栽培・養殖」の意味です。

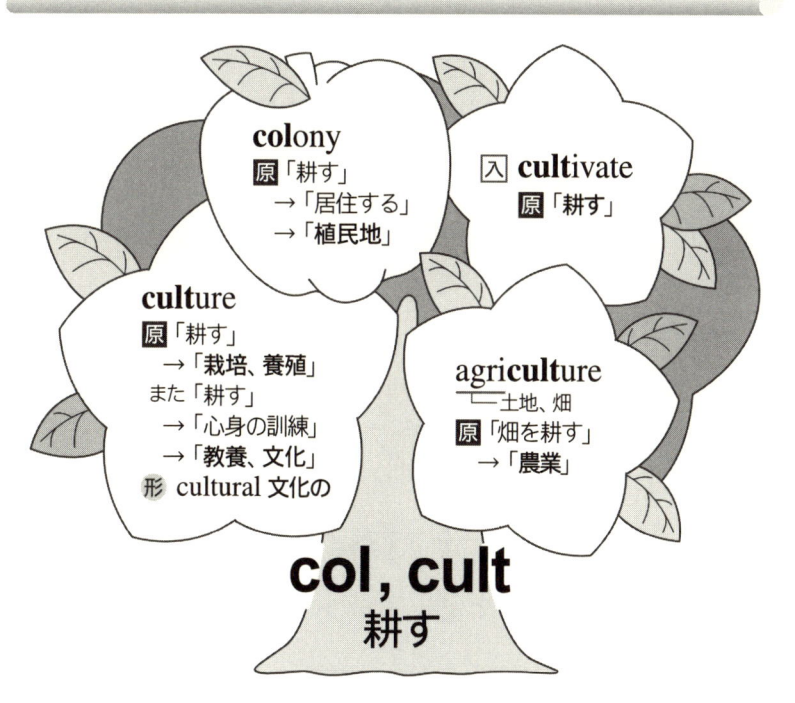

colony
原「耕す」
　→「居住する」
　→「植民地」

入 **cult**ivate
原「耕す」

culture
原「耕す」
　→「栽培、養殖」
また「耕す」
　→「心身の訓練」
　→「教養、文化」
形 cultural 文化の

agri**cult**ure
└ 土地、畑
原「畑を耕す」
　→「農業」

col, cult
耕す

33 factory の前身は？

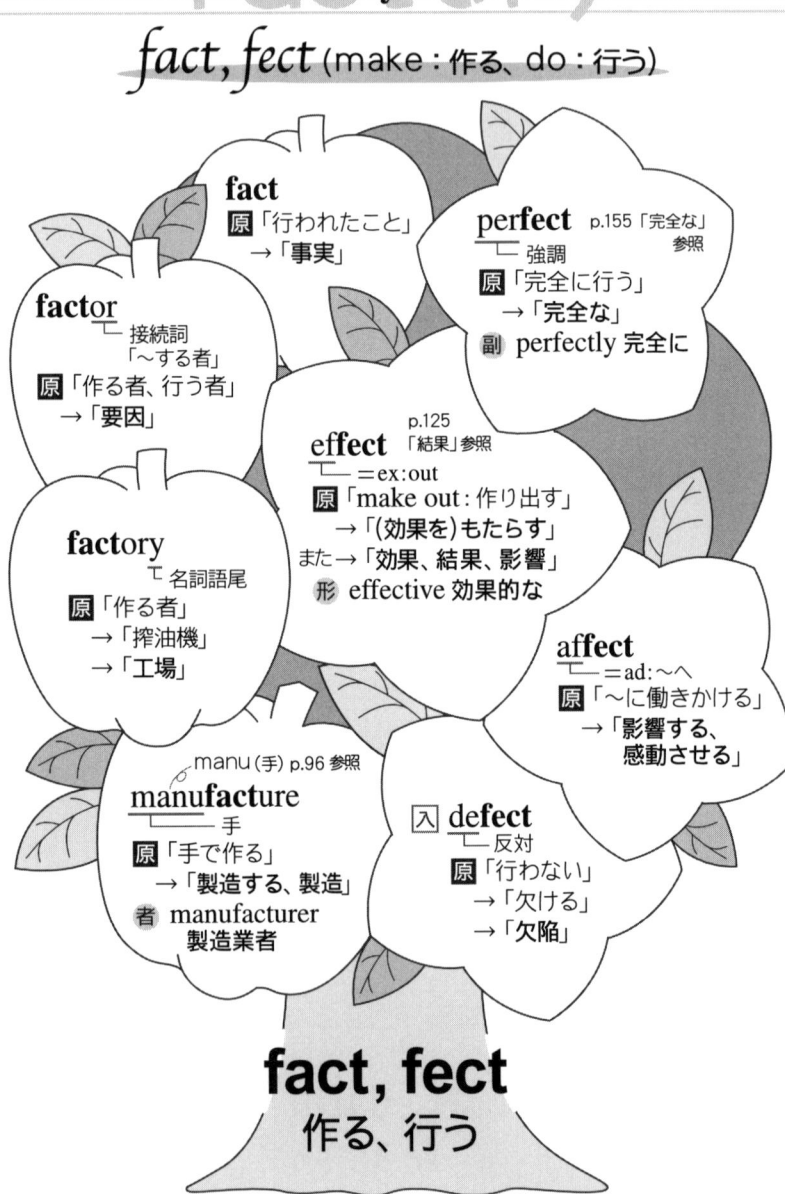

fact, fect (make：作る、do：行う)

fact
原「行われたこと」
→「事実」

perfect p.155「完全な」参照
└ 強調
原「完全に行う」
→「完全な」
副 perfectly 完全に

factor
└ 接続詞「〜する者」
原「作る者、行う者」
→「要因」

effect p.125「結果」参照
└ =ex：out
原「make out：作り出す」
→「(効果を)もたらす」
また→「効果、結果、影響」
形 effective 効果的な

factory
└ 名詞語尾
原「作る者」
→「搾油機」
→「工場」

affect
└ =ad：〜へ
原「〜に働きかける」
→「影響する、感動させる」

manufacture
manu(手) p.96 参照
└ 手
原「手で作る」
→「製造する、製造」
者 manufacturer 製造業者

入 defect
└ 反対
原「行わない」
→「欠ける」
→「欠陥」

fact, fect
作る、行う

「工場」を意味する英単語にはfactory、mill、plantの3つがあります。このうちmillは「(粉を)挽く」の原義から「製粉所、水車場」を経て「工場」になった語、plantは「植える」から「設置する」→「設備、(主に大規模な)工場」と変化した語です。

　もっとも一般的なfactoryはfact(作る)+or(〜する者)+y(名詞を作る接尾辞)という構成の語で、「作る者」から「搾油機」を経て「工場」の意味になりました。

　水車小屋や油搾りの道具など、工場の前身は生活に密着した素朴な仕掛けだったわけです。

　factoryの語幹 **fact** は「**作る**」および「**行う**」を意味します。このグループの語幹にはほかに **fect** があり、これを含む語には perfect やeffect などがあります。

例 文

an important **factor** in world's progress：世界の進歩における重要な要因

television sets of Chinese **manufacture**：中国製のテレビ

His advice had little **effect** on her.
　彼の忠告も彼女にはほとんど効果がなかった。

The climate **affected** her health. その気候が彼女の健康に影響を与えた。

I was deeply **affected** by the story. 私はその物語に深く感動した。

もう一歩踏み込んで！

■loveから「恋愛」を差し引けば……

　affectの名詞形に **affection** があります。その意味は「影響する」→「**感情**」→「**愛情**」と変化しました。affectionは言わばloveから「恋愛」を差し引いたような感情で、穏やかで持続的な情愛を意味します。

■パフェは究極のデザート？

　デザートの「パフェ」はperfectのフランス語形parfait(発音は[パルフェ])のことです。意味は同じく「完全な」ですから、「究極のデザート」という心意気で名付けられたものでしょう。

34 「小さな形」が走るレースとは？

form (形、形作る)

　カーレースの最高峰と言えばF1レースです。その「F1」が「フォーミュラ・ワン（Formula One）」の略であることはよく知られていますが、このformulaとはいったい何でしょう？

　formulaは普通「決まった言い方、公式」を意味しますが、ここでは「規格」の意味に用いられています。つまり車の重量やエンジンの排気量などが一定の規格に合っているということで、Formula Oneは直訳すれば「規格第1種」となります。

　このformulaは語幹 **form**（形、形作る）に接尾辞 la（小さな）が付いた形で、原義の「小さな形」から「形式」を経て「公式」などの意味になりました。

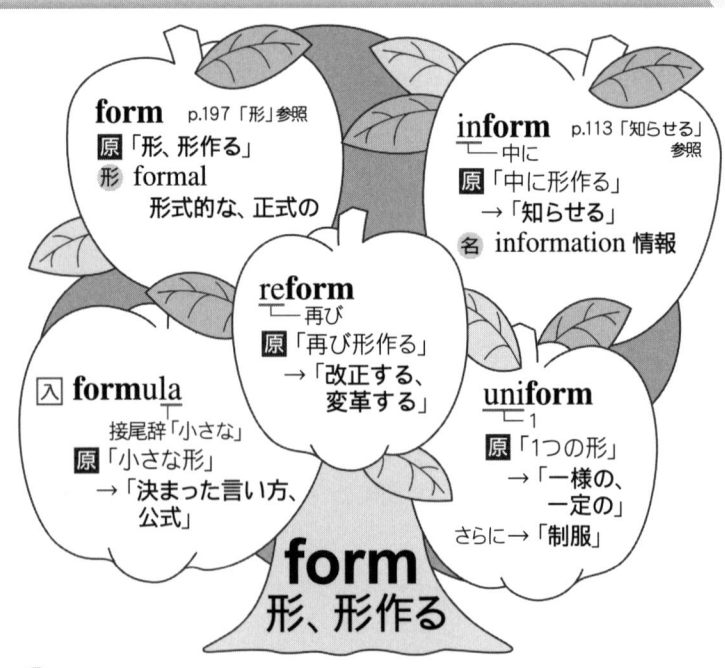

---

form p.197「形」参照
原「形、形作る」
形 formal
　形式的な、正式の

inform p.113「知らせる」参照
in─中に
原「中に形作る」
→「知らせる」
名 information 情報

reform
re─再び
原「再び形作る」
→「改正する、変革する」

入 **formula**
接尾辞「小さな」
原「小さな形」
→「決まった言い方、公式」

uniform
uni─1
原「1つの形」
→「一様の、一定の」
さらに→「制服」

form
形、形作る

※ perform（成し遂げる、演じる）(p.128「行動する」参照）は別語源。

35 「リストラ」とは積み上げること

struct, str (積み上げる)

「リストラ」は何の略かご存知でしょうか？ 正解はrestructuring（リストラクチャリング：再構築）。企業などがその構造や体質を変革することを言います。それにはもちろん人員整理が含まれることもありますが、「首切り」と同義ではありません。

この語は **struct**(積み上げる) を語幹とする structure（構造、建物）に接頭辞 re（再び）が付いた形で、原義は「再び積み上げる」です。本来はきわめて建設的な語なのです。

このグループの語幹には struct のほかに **str** があり、construct、instruct、destroy などの語が生まれています。

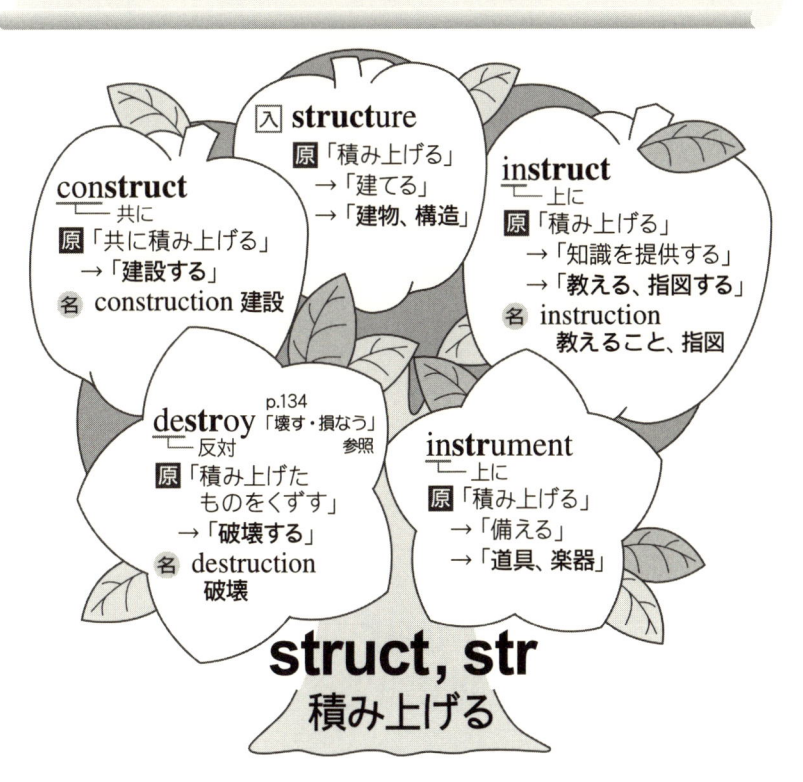

---

construct
└ 共に
原「共に積み上げる」
 →「建設する」
 名 construction 建設

入 structure
原「積み上げる」
 →「建てる」
 →「建物、構造」

instruct
└ 上に
原「積み上げる」
 →「知識を提供する」
 →「教える、指図する」
 名 instruction
 　教えること、指図

destroy p.134「壊す・損なう」参照
└ 反対
原「積み上げた
　ものをくずす」
 →「破壊する」
 名 destruction
 　破壊

instrument
└ 上に
原「積み上げる」
 →「備える」
 →「道具、楽器」

struct, str
積み上げる

36 parade って準備すること？

par (準備する)

prepare
- pre = 前に
- 原「前もって準備する」
  → 「準備する、用意する」
- 名 preparation 準備

repair (pair = par)
- re = 再び
- 原「再び準備する」
  → 「修理する」
- 類 mend 繕う、直す
- 類 fix 修理する、決める
  - p.124「決める」参照

separate
- se = 離れて
- 原「分けて準備する」
  → 「分離する、分かれた」
- 名 separation 分離
- 類 divide 分割する

parade
- 原「準備する」
  → 「防ぐ」
  → 「止める」
  → 「(馬術の技量を示すために)馬を止めてみせる」
  → 「観兵式」
  → 「パレード」

several (ver = par)
- se = 離れて
- 原「分けて準備する」
  → 「別々の」
  → 「それぞれの」
  また → 「いくつかの」

par
準備する

parasolは「(婦人用の)日傘」ですが、solが「太陽」を意味することを知っている人は、接頭辞paraが「〜を防ぐ、避ける」を意味することも同時に理解しているでしょう。これはparachute(パラシュート)が「chute(落下：フランス語)を防ぐもの」からきていることとも一致します。ちなみに昔の腕時計にはparashock(耐衝撃性の)なる機能が付いていました。

このparaの語源はラテン語parare(準備する)だと聞いて腑に落ちない人もいるかもしれませんが、その意味が「準備する」→「防護を固める」→「防ぐ」と変わったことを知れば納得がいくでしょう。

prepareはparareから生まれた語幹**par(準備する)**に接頭辞pre(前に)が付いた形で、「前もって準備する」が原義です。

■例文

Have you **prepared** for your lessons?　授業の予習はしたの？
She lives **separated** from her husband.　彼女は夫と別れて暮らしている。
We had our house **repaired**.　私たちは家を修理してもらった。

もう一歩踏み込んで!

■フェンシングの防御もparade

paradeは「パレード」に至るまでにさまざまな意味の変遷があった語で、今日でも「**(フェンシングの)防御の構え**」や「**誇示すること**」などの途中の意味が残っています。

■パロディーは「似せた歌」

parallel(平行の)のparaはこのグループとは無関係で、「〜のそばに」を意味するギリシャ語の前置詞paraからきました。

ちなみに**parody**はpara＋od(歌)＋y(名詞を作る接尾辞)と分解できる語で、意味は「そばの歌」すなわち「似せた歌」から「**パロディー：もじり詩文**」となりました。

■umbrellaも元は「日傘」

「日傘」のparasolに対して通常の「**傘**」は**umbrella**と言いますが、その語源であるラテン語umbraは「日陰」という意味であり、umbrellaももともとはやはり「日傘」を意味していました。

37 選り好みするのがエレガント？

leg, lect（選ぶ、集める）

elegant
- =ex:out
- 原「選び出す」
  → 「洗練された、優雅な」

elect
- =ex:out
- 原「選び出す」
- 名 election 選挙

collect
- =con:共に
- 原「共に集める」
  → 「集める」
- 名 collection 収集(したもの)
- 類 gather 集める

select
- se 離して
- 原「離して選ぶ」
  → 「選ぶ」
- chooseより慎重に選ぶ
- 名 selection 選択

neglect
p.136「避ける」参照
- neg 否定
- 原「選ばない」
  → 「なおざりにする、怠る」

diligent
p.168「まじめな」参照
- =leg
- =dis:離して
- 原「離して選ぶ」
  → 「注意を払う」
  → 「勤勉な」

intellect
- =inter:間に
- 原「間から選ぶ」
  → 「理解する」
  → 「知性」
- 形 intellectual 知的な

intelligence
- =leg
- =inter:間に
- 原「間から選ぶ」
  → 「理解する」
  → 「知能」
- 形 intelligent 知能の高い
  p.165「賢い」参照

leg, lect
選ぶ、集める

「彼女はとてもエレガントな人だ」と言うとき、そこには何やらヨーロッパ的な響きが込められます。事実、elegant はフランス語からそのまま英語に入った言葉で、「長い年月をかけて磨き上げられたヨーロッパ的優雅さ」を表しています。

この語は語幹 **leg**（選ぶ、集める）に接頭辞 e(=ex:out) が付いた形で、「選び出す」の原義から「選り好みをする」という悪い意味を経て「洗練された、優雅な」になりました。

このグループにはもう1つ **lect** という語幹があり、こちらからは elect、select、collect など多くの語が生まれています。

例文

We **elected** him (as) chairman. 私たちは彼を議長に選んだ。

He **selected** a few bottles of wine for me.
彼は私に数本のワインを選んでくれた。

collect stamps：切手を収集する　　**collect** evidence：証拠を集める

He is **diligent** in his study. 彼は勉強熱心だ。

Dolphins are very **intelligent**. イルカはとても利口だ。

an **intellectual** girl：理知的な少女

an **intellectual** occupation：知的職業

He **neglected** his duty as a policeman. 彼は警官としての義務を怠った。

もう一歩踏み込んで!

■エリート

elite もこのグループに属します。その構成は e(=ex:out)＋lit(=lect) であり、「選び出された」から**「選り抜きの人、エリート」**の意味になりました。

■ネグリジェは部屋着

「ネグリジェ（negligee）」と言えば日本では女性用の寝間着のことで、何やらなまめかしいイメージがありますが、それは日本だけの話です。negligee は neglect の派生語で、「なおざりにする」から「打ち解けた服装」の意味になりました。実は寝間着そのものではなく、その上に着る女性用の「部屋着」を指します。

38 導き出すのが education

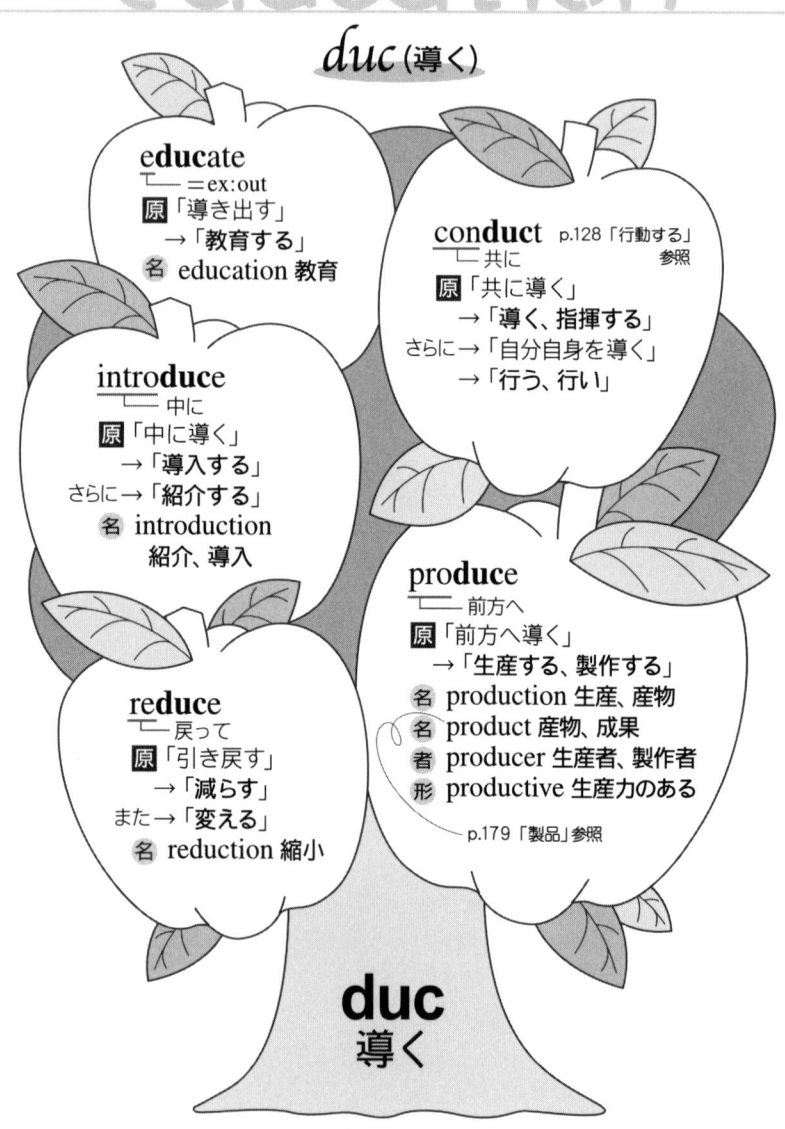

duc (導く)

educate
― ex:out
原「導き出す」
→「教育する」
名 education 教育

conduct   p.128「行動する」参照
― 共に
原「共に導く」
→「導く、指揮する」
さらに→「自分自身を導く」
→「行う、行い」

introduce
― 中に
原「中に導く」
→「導入する」
さらに→「紹介する」
名 introduction 紹介、導入

produce
― 前方へ
原「前方へ導く」
→「生産する、製作する」
名 production 生産、産物
名 product 産物、成果
者 producer 生産者、製作者
形 productive 生産力のある

p.179「製品」参照

reduce
― 戻って
原「引き戻す」
→「減らす」
また→「変える」
名 reduction 縮小

duc
導く

クイズ induce の意味を当ててみよう。構成は in + duc。

educate（教育する）はその語源がよく話題にのぼる語です。

このeducateは語幹**duc**（導く）に接頭辞e（＝ex：out）が付いた形で、原義の「導き出す」から「養育する」を経て「教育する」の意味になりました。

けれどもこの語に当初から「生徒の隠れた能力を引き出す」というニュアンスが込められていたという根拠はありません。むしろそれは、近年になって、「真の教育とは何か？」という問いかけに対する1つの答えとして浮上してきたものでしょう。それをふまえた上で、改めてその意味を掘り下げてみたい語です。

ducを語幹とするグループにはintroduceも含まれます。この語の構成はintro（中に）＋ducで、「中に導く」の原義から「導入する」の意味になりました。「紹介する」はこの「導入する」から派生した意味です。

例 文

She **conducted** them over the hospital.
　彼女は彼らを案内してその病院の中を見せた。

The automatic control system was **introduced** into the factory.
　その工場に自動制御システムが導入された。

The Netherlands has **produced** many great painters.
　オランダは多くの偉大な画家を生んだ。

reduce the death rate：死亡率を下げる　　**reduce** the price：価格を下げる
The building was **reduced** to ashes.　その建物は灰となった。

もう一歩 踏み込んで！

■dukeは導く者

duke（公爵）もこのグループに属します。その原義は「導く者」すなわち「指導者」であり、封建時代には領国を支配する「君主」を意味していました。

クイズ解答　**induce**：「中に導く」→「〜する気にさせる」。

第1部　英単語を語幹別に覚える

39 「キュア」と「ケア」の関係は？

cur（注意、心配）

医療の世界では最近「キュアとケア」という言い回しがよく使われるようになりました。「キュア」すなわち cure は「病気を治すこと」、「ケア」すなわち care は「病人を世話すること」です。

従来医療の現場では cure が重視され、care は二次的なこととされてきましたが、高齢化社会の訪れと共に care の重要性が叫ばれるようになりました。

さてこの care と cure は形も意味も似ていますが、語源的には関係がありません。care の原義が「悲しみ、苦悩」である一方、cure は**「注意、心配」**を意味する語幹 cur に基づいています。

cur を含む語にはほかに curious や accurate などがあります。

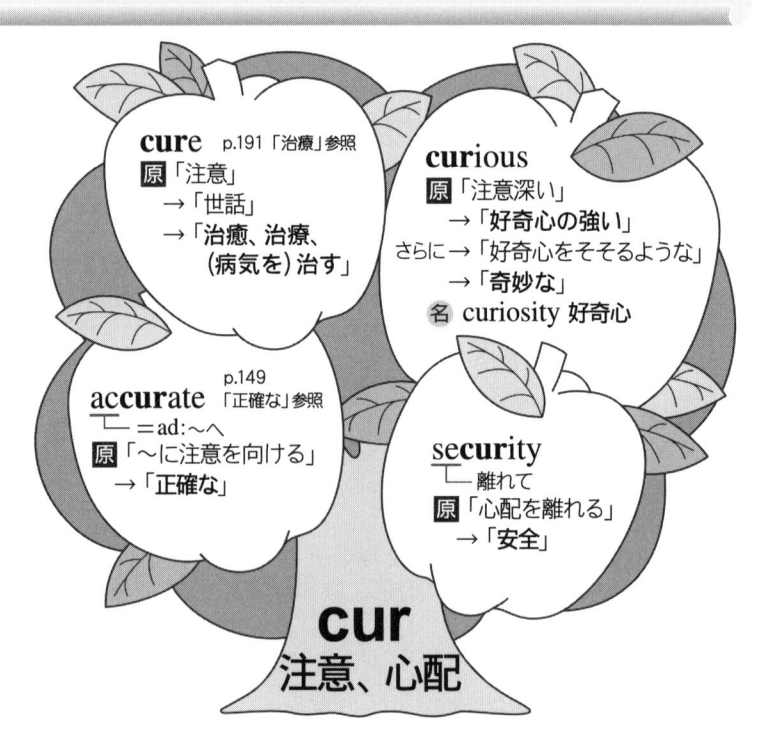

---

cure p.191「治療」参照
原「注意」
→「世話」
→「治癒、治療、（病気を）治す」

curious
原「注意深い」
→「好奇心の強い」
さらに→「好奇心をそそるような」
→「奇妙な」
名 curiosity 好奇心

accurate p.149「正確な」参照
= ad:～へ
原「～に注意を向ける」
→「正確な」

security
se 離れて
原「心配を離れる」
→「安全」

cur
注意、心配

40　パッションフラワーってどんな花？

pass, pati (苦しむ)

「トケイソウ」は英語では passion flower と言います。これを聞いて「トケイソウは情熱的な雰囲気の花なんだ」と考えたとすれば、それは勘違いです。passion flower は「受難の花」という意味で、その形が十字架にかけられたキリストのいばらの冠を思わせることから名付けられました。passion の当初の意味は「受難」であり、「情熱」は近代になって派生した意味にすぎません。

passion の語幹は **pass**(苦しむ)ですが、このグループにはもう1つ **pati** という語幹があり、patient のもとになっています。

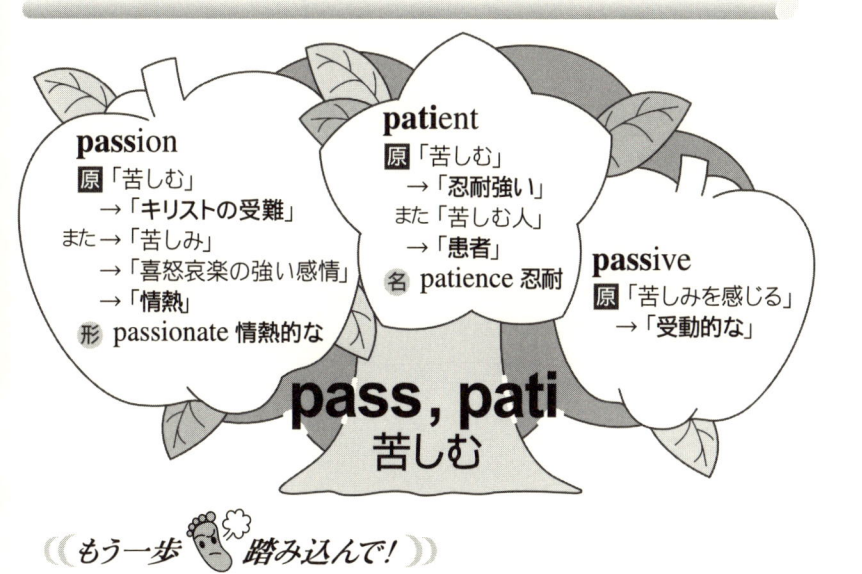

passion
原「苦しむ」
→「キリストの受難」
また→「苦しみ」
→「喜怒哀楽の強い感情」
→「情熱」
形 passionate 情熱的な

patient
原「苦しむ」
→「忍耐強い」
また「苦しむ人」
→「患者」
名 patience 忍耐

passive
原「苦しみを感じる」
→「受動的な」

pass, pati
苦しむ

もう一歩踏み込んで！

■compassion と sympathy

compassion は com(共に)+ pass という形で、「共に苦しむ」から「同情」の意味になりました。これは **sympathy**(同情)(p.158「同情」参照)とまったく同じ構成です。両者の語幹および接頭辞の違いは compassion がラテン語から、sympathy がギリシャ語からきたことによります。

41 「強く求めた」のが征服のはじまり

que, qui (求める)

question
原「求める」
→「問題」
さらに→「疑問、質問」

request p.118「頼む」参照
└ 再び
原「再び求める」
→「頼む、頼み」

require
└ 再び
原「再び求める」
→「要求する、必要とする」

入 **conquer**
└ 強調
原「強く求める」
→「克服する、征服する」
名 conquest 征服

acquire p.104「得る」参照
└ =ad:〜へ
原「求める」
→「得る、獲得する」

que, qui
求める

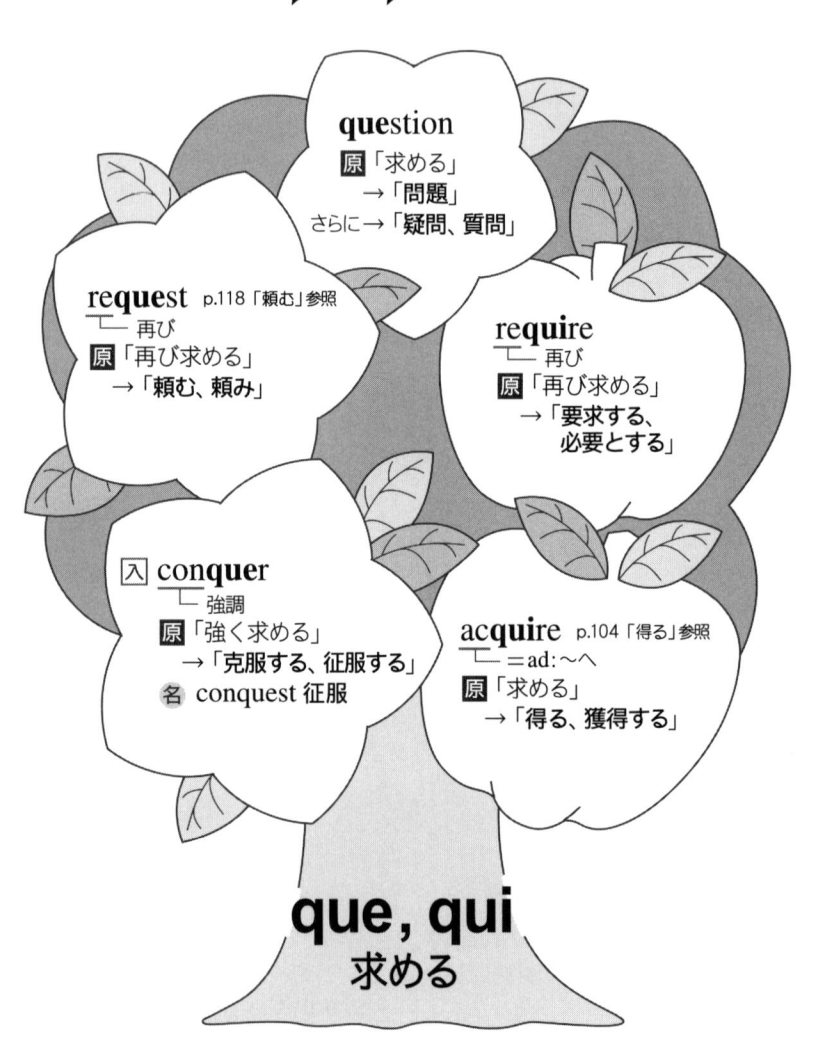

クイズ inquire の意味を当ててみよう。構成は in + qui 。

「英単語の歴史」(p.2参照)でも触れたように、1066年にフランス語を話すノルマン人がイギリスを征服し、それをきっかけにラテン語系の言葉が大量に英語に流入しました。このノルマン人の征服は英語ではNorman Conquestと呼ばれ、英国史上最大の出来事の1つとされています。

さて、このconquest自体がラテン語系の単語です。その構成はcon(強調)＋que(求める)で、「強く求める」から「努力して手に入れる」→「武力で手に入れる」を経て「征服」の意味になりました。動詞形はconquerです。

このグループの語幹にはqueのほかに **qui** があり、require、acquireなどの語が生まれています。

例文

Visitors are **requested** not to touch the works.
　来訪者は作品に手を触れないでください。
Am I **required** to attend the meeting?
　私はその会合への出席を求められていますか？
conquer the enemy：敵を征服する
conquer a bad habit：悪習を克服する
She has **acquired** French. 彼女はフランス語を習得した。
I **acquired** the habit of smoking in my late twenties.
　私は20代後半に喫煙の習慣を身につけた。

◀◀◀

もう一歩 踏み込んで！

■ そして「クエスト」

「ドラゴン・クエスト」でおなじみの **quest**（探求）は英単語としては重要ではありませんが、語幹queの意味がそのまま残っているので、知っておいて損はない語です。

A クイズ解答：inquire：「中に求める」→「尋ねる」。

42 強いものほど価値があるか？

val, vail (強い、価値がある)

古代においては強いことすなわち価値のあることでした。ラテン語の形容詞 valere に「強い」と「価値がある」の2つの意味があったことがそれを示しています。平和な時代には強さよりも賢さが尊重されることを思うと、古代にはいかに戦乱が多かったかがわかりますね。

その valere から生まれた単語 value(価値)の語幹は **val**(強い、価値がある)で、このグループの語幹にはもう1つ **vail** があります。

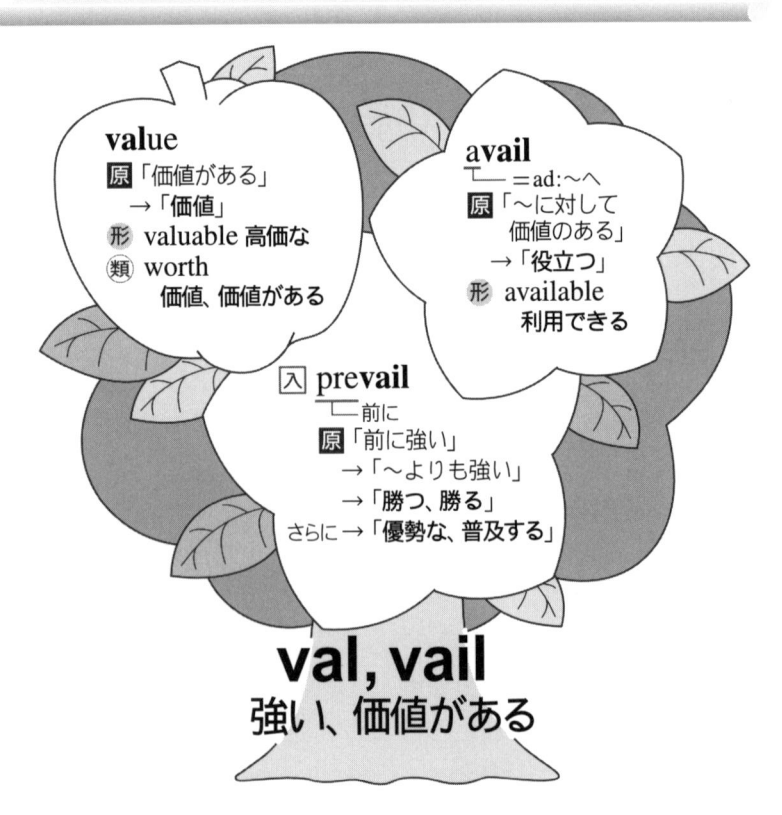

value
原「価値がある」
 →「価値」
形 valuable 高価な
類 worth
  価値、価値がある

avail
 =ad:〜へ
原「〜に対して
  価値のある」
 →「役立つ」
形 available
  利用できる

入 pre**vail**
 前に
原「前に強い」
 →「〜よりも強い」
 →「勝つ、勝る」
さらに→「優勢な、普及する」

val, vail
強い、価値がある

43 ノーベル賞の値段は？

pri, pre（価値）

Nobel Prize（ノーベル賞）の例でもわかるように、「賞」は英語では prize と言います。prize にはほかに「評価する」という動詞の意味がありますから、「賞」すなわち「価値の認定」であることは納得がいくでしょう。

そしてこれによく似た単語 praise（ほめる）、price（価格）も価値や評価に関係していることに気付けば、これらが1つのグループを作っていることが理解できます。

語幹は **pri** および **pre** で、その意味は「**価値**」です。

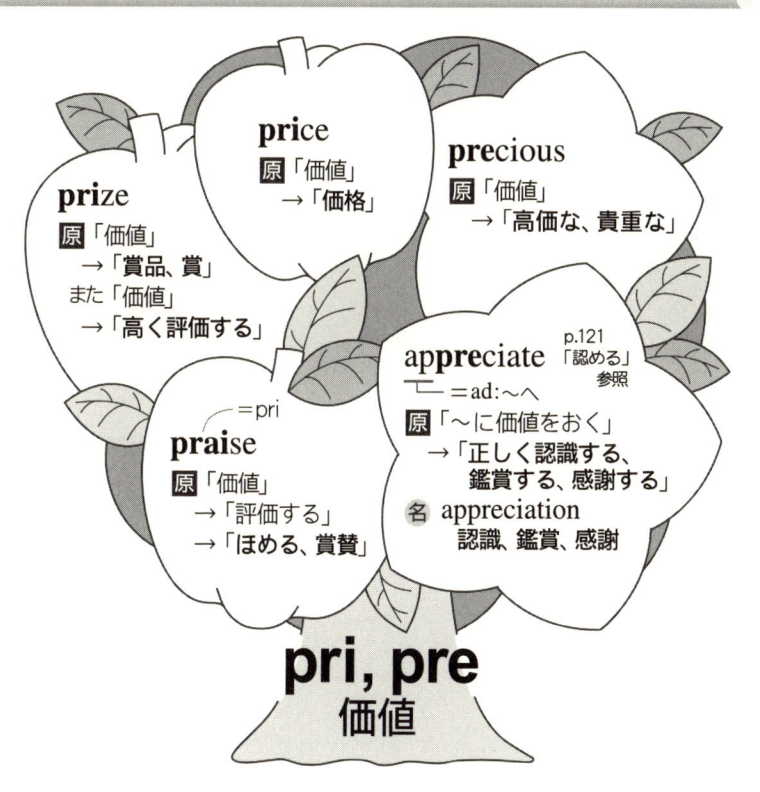

---

price
原「価値」
→「価格」

precious
原「価値」
→「高価な、貴重な」

prize
原「価値」
→「賞品、賞」
また「価値」
→「高く評価する」

appreciate　p.121「認める」参照
　ap＝ad:〜へ
原「〜に価値をおく」
→「正しく認識する、鑑賞する、感謝する」
名 appreciation
　認識、鑑賞、感謝

praise（＝pri）
原「価値」
→「評価する」
→「ほめる、賞賛」

pri, pre
価値

第1部　英単語を語幹別に覚える

44　尺度を守れば modest

mod（尺度）

　IT関連の用語として盛んに用いられる「モード」すなわち mode は、「**尺度**」を意味する語幹 **mod** がそのまま示されている英単語です。その意味は「尺度」→「適切な尺度」→「様式、方法」と変化しました。

　派生語は数多くありますが、たとえば modest は「適切な尺度を守る」から「謙虚な」の意味になりました。

　このグループでおもしろいのは modern で、「現代の」という意味は、はかりの目盛りがいっぱいになったときに modo（目盛りが正しい → ちょうど今）と合図したローマ時代の習慣から生まれました。

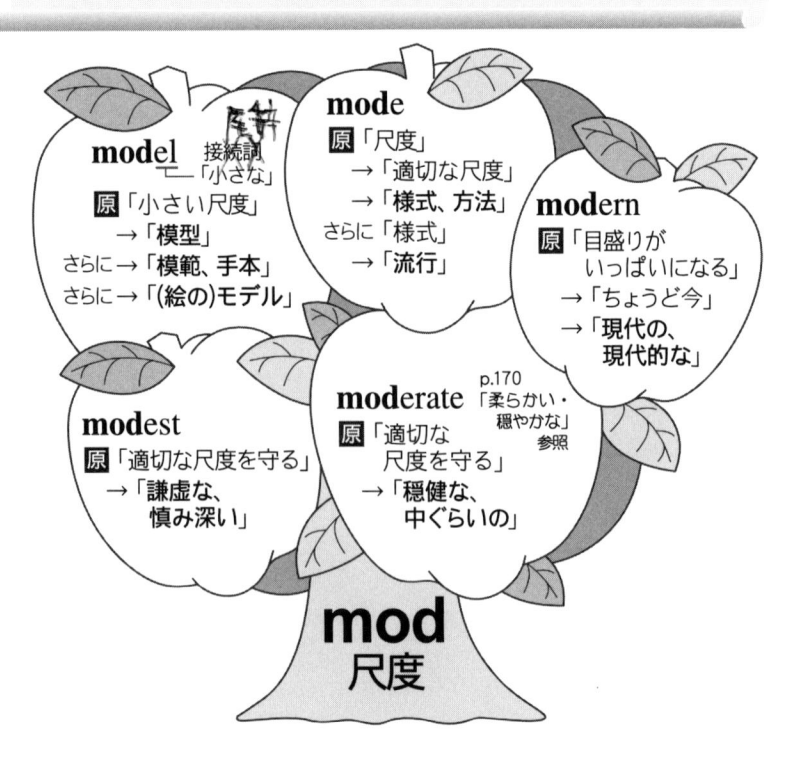

---

model　接続詞「小さな」
- 原「小さい尺度」
  - →「模型」
  - さらに →「模範、手本」
  - さらに →「(絵の)モデル」

mode
- 原「尺度」
  - →「適切な尺度」
  - →「様式、方法」
  - さらに「様式」
  - →「流行」

modern
- 原「目盛りがいっぱいになる」
  - →「ちょうど今」
  - →「現代の、現代的な」

modest
- 原「適切な尺度を守る」
  - →「謙虚な、慎み深い」

moderate　p.170「柔らかい・穏やかな」参照
- 原「適切な尺度を守る」
  - →「穏健な、中ぐらいの」

mod
尺度

45 すべては「まっすぐにする」から始まった

rect (まっすぐにする)

　direct には「指図する」などの動詞の意味と、「まっすぐな」などの形容詞の意味がありますが、もちろん両者には深い関係があります。

　この語は語幹 **rect**（まっすぐにする）に di（=dis：ここでは強調）が付いた形で、そのまま「まっすぐな」になったのが形容詞、「導く」を経て「指図する」になったのが動詞です。

　rect を語幹とする語にはほかに correct や erect などがあります。

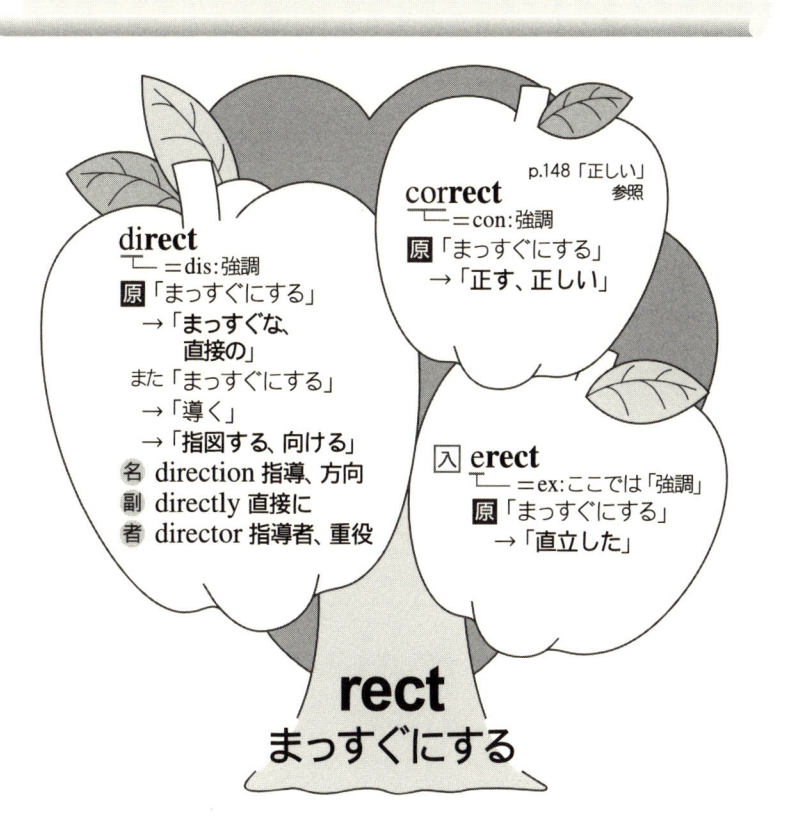

correct 　p.148「正しい」参照
　= con：強調
　原「まっすぐにする」
　　→「正す、正しい」

direct
　= dis：強調
　原「まっすぐにする」
　　→「まっすぐな、直接の」
　また「まっすぐにする」
　　→「導く」
　　→「指図する、向ける」
　名 direction 指導、方向
　副 directly 直接に
　者 director 指導者、重役

入 **erect**
　= ex：ここでは「強調」
　原「まっすぐにする」
　　→「直立した」

rect
まっすぐにする

第1部　英単語を語幹別に覚える

46 minister って小さい人？

min (小さい)

minute
原「小さい」
→「細かい」
また「小さく分けた」
→「分」

minus
原「より小さい」
→「マイナス(の)」

minor
原「より小さい、
　少ない方の」
さらに→「重要でない、
　　　　未成年の」
名 minority 少数、少数派

minister
原「より小さい(人)」
→「召使」
→「神に仕える者」
→「牧師」
また→「王に仕える者」
→「大臣」

入 ad**min**ister
　└～へ┘└召使┘
原「～に仕える」
→「管理する、
　　運営する、行う」
名 administration
　管理、行政

minimum
原「もっとも小さい、
　最低の」
さらに→「最低限度」

min
小さい

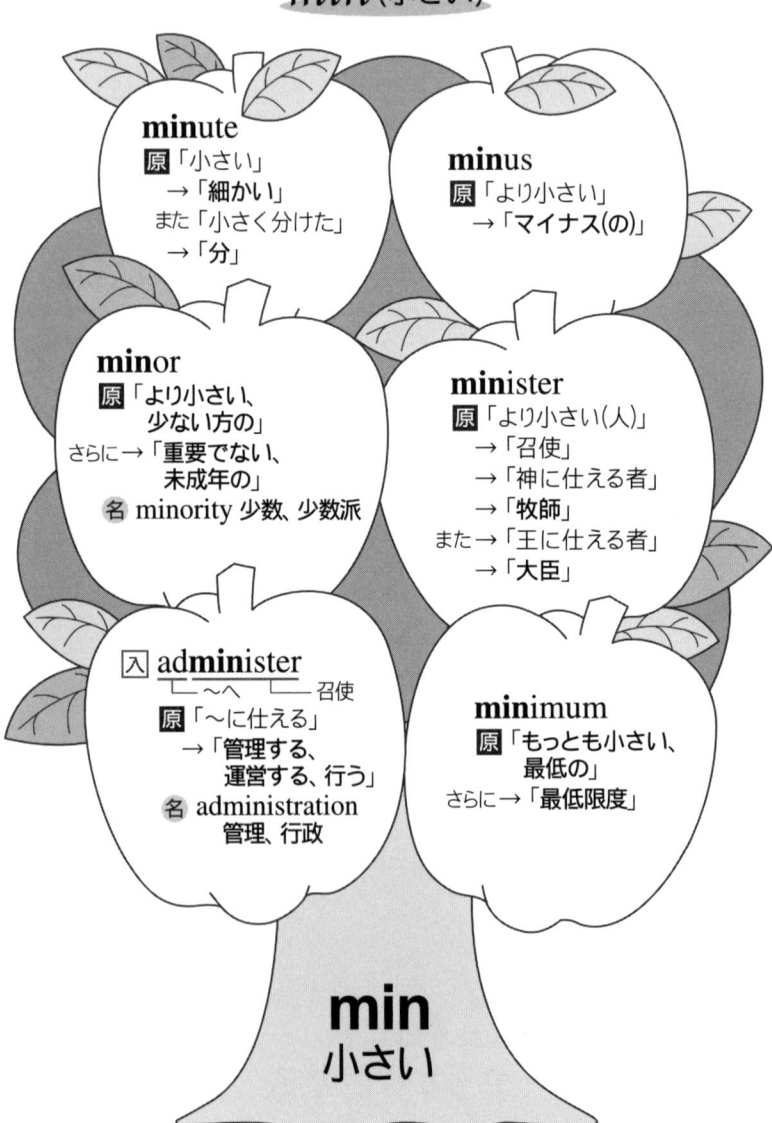

86

minuteには時間の「分」のほかに「細かい」の意味があります（後者の発音は[マイニュート]）が、その語幹 **min** は「小さい」の意味であり、「細かい」の意味の方がそれに近いのです。

　「分」の意味は、天動説で有名なエジプトのプトレマイオスが、円周の60分の1を pars minuta（英語に直すと minute part：小さく分けた部分）と呼んだことから生まれました。時間の「分」は角度の「分」から派生したものです。

　ちなみにプトレマイオスは pars minuta をさらに60分の1に分け、これ（つまり「秒」）を「第2に小さく分けた部分」と呼びました。これが second に「秒」の意味が生まれた理由です。

　語幹 min は具体的にはラテン語 minutus（小さい）からきています。この minutus の比較級が minor（より小さい）で、つづりも意味も変わらないまま英単語の minor になりました。最上級は minimus（もっとも小さい）で、英単語 minimum（最低限度）のもとになっています。

もう一歩踏み込んで！

■major と mayor

　minor の反意語 **major**（主要な、大部分の）はラテン語 magnus（大きい）の比較級 major（より大きい）がそのまま英単語になったものです。

　また **mayor** はもともとは major と同じ語で、その意味は「より大きな」→「重要な（人）」→「**市長**」と変化しました。

■メニュー

　menu はフランス語からきた語ですが、語源はやはり minutus で、意味は「小さい」から「細かい」→「詳細に書いたもの」を経て「**メニュー**」になりました。

■マイノリティー

　minor の名詞形 **minority** には「**少数派**」の意味があります。この語は、議会などの「少数派」のほかに、「人種や宗教などにおいて少数であり、政治力を持たないために、差別を受けやすい立場にある人々」を指すことがあります。

47　政治家はパーティーが好き？

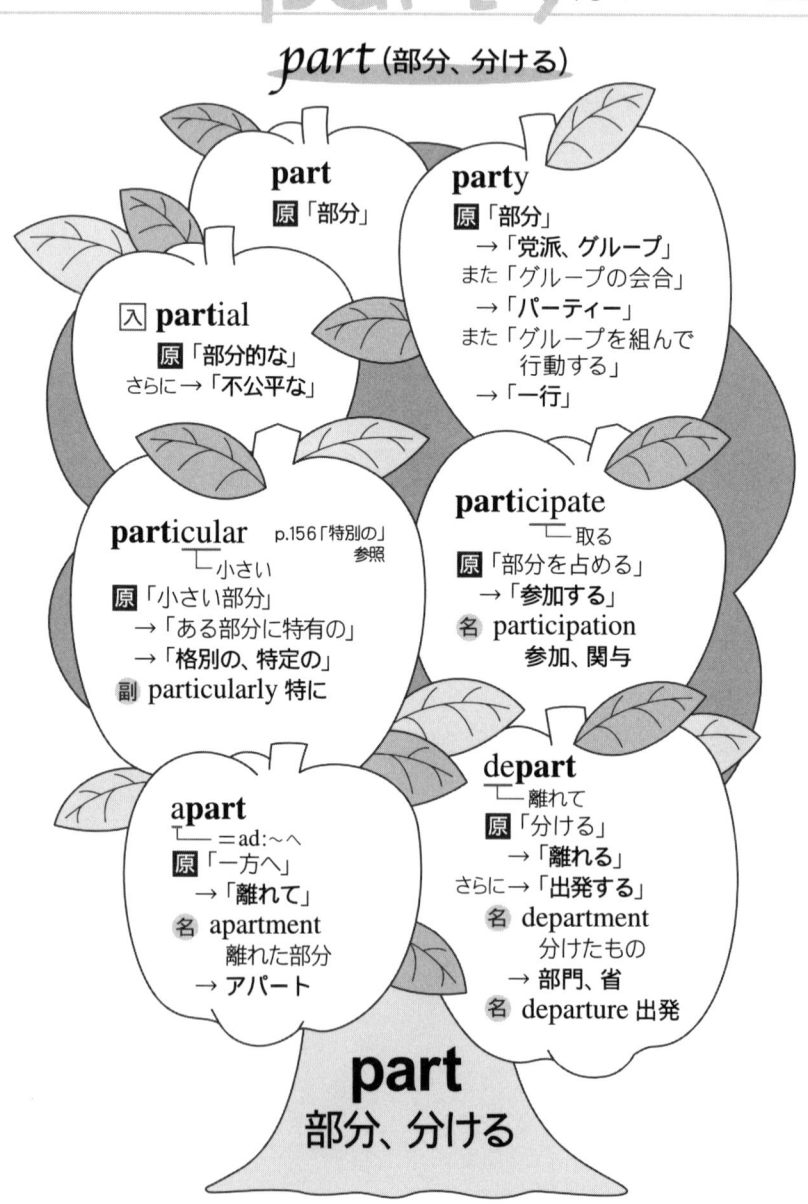

part (部分、分ける)

part
原「部分」

party
原「部分」
→「党派、グループ」
また「グループの会合」
→「パーティー」
また「グループを組んで行動する」
→「一行」

入 **part**ial
原「部分的な」
さらに→「不公平な」

particular　p.156「特別の」参照
└ 小さい
原「小さい部分」
→「ある部分に特有の」
→「格別の、特定の」
副 particularly 特に

participate
└ 取る
原「部分を占める」
→「参加する」
名 participation
　　参加、関与

a**part**
└ =ad:~へ
原「一方へ」
→「離れて」
名 apartment
　　離れた部分
　　→ アパート

de**part**
└ 離れて
原「分ける」
→「離れる」
さらに→「出発する」
名 department
　　分けたもの
　　→ 部門、省
名 departure 出発

part
部分、分ける

「冬山登山のパーティーが行方不明になった」という記事を読んで「冬山でパーティーなんかするから遭難するんだ」と言った人がいるという笑い話がありますが、この「パーティー」はもちろん宴会ではなく「一行」を意味します。

　party にはほかに「党派」という意味がありますから、political party と聞いて「政治がらみのパーティーかな？」と勘違いしてはいけません。

　このように、party はさまざまな意味を持っていますが、そのもとにあるのは何でしょうか？

　party の語幹は **part**（部分、分ける）で、「部分」からまず「（敵・味方の）側」を経て「党派、グループ」の意味が生まれました。そしてその後、「グループの会合」から「パーティー」の意味が、「グループを組んで行動する」から「一行」の意味が生まれたわけです。

　part を語幹とする語にはほかに apart や depart などがあります。

例文

He is **partial** to some students.　彼は数人の学生をえこひいきする。
the Democratic **Party**：(米)民主党　　a search **party**：捜索隊
I have nothing **particular** to do now.　私は今特にすることがない。
I **participated** in the competition.　私はその競技に参加した。
The two towers stood wide **apart**.　その２つの塔は大きく離れて建っていた。
the import **department**：輸入課　　the English **Department**：英語学科

もう一歩踏み込んで！

■ アパート、デパート

　apartment は apartment house（アパートの建物）のうちの「１世帯分の部屋」を指します。

　また「デパート」は department store（いくつかの部門に分かれた店）を略したものです。

第１部　英単語を語幹別に覚える

48 あなたの「星座」を教えて

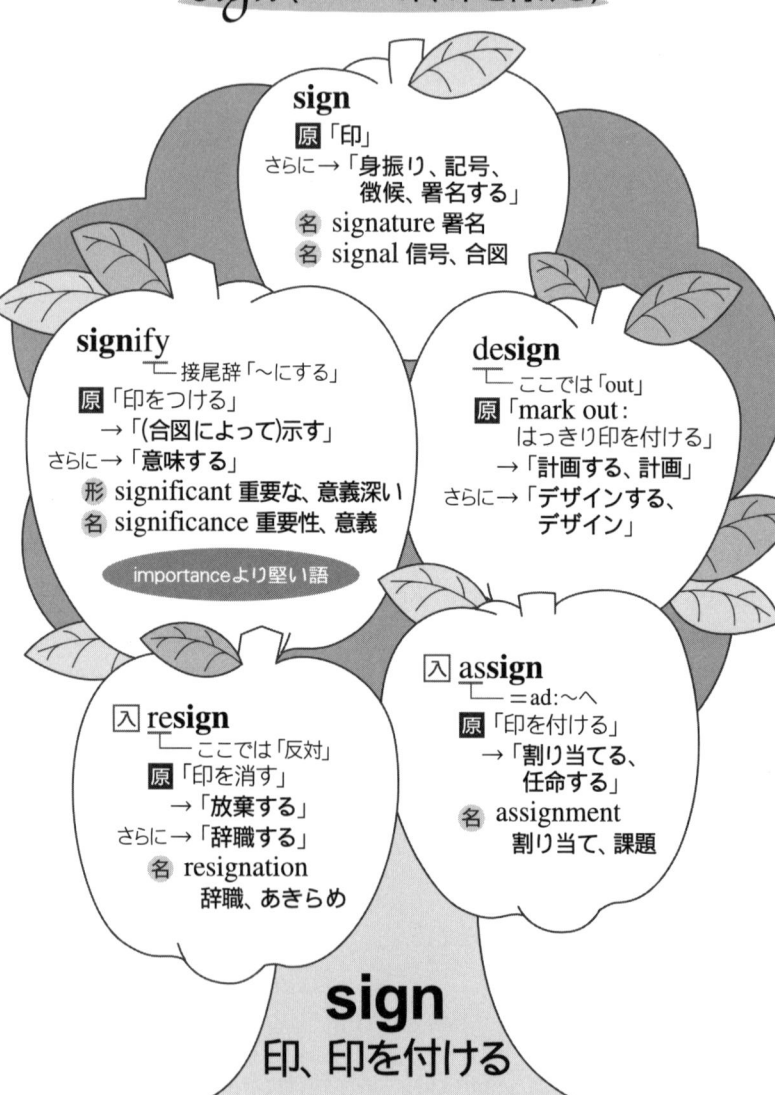

sign (mark：印、印を付ける)

sign
原「印」
さらに→「身振り、記号、徴候、署名する」
- 名 signature 署名
- 名 signal 信号、合図

signify
接尾辞「～にする」
原「印をつける」
→「(合図によって)示す」
さらに→「意味する」
- 形 significant 重要な、意義深い
- 名 significance 重要性、意義

importanceより堅い語

design
ここでは「out」
原「mark out：はっきり印を付ける」
→「計画する、計画」
さらに→「デザインする、デザイン」

入 resign
ここでは「反対」
原「印を消す」
→「放棄する」
さらに→「辞職する」
- 名 resignation 辞職、あきらめ

入 assign
＝ad：～へ
原「印を付ける」
→「割り当てる、任命する」
- 名 assignment 割り当て、課題

sign
印、印を付ける

「サインしてください」をうっかり Give me your sign, please. と英訳すると、「あなたの星座を教えてください」の意味になってしまいます。

正しくは Give me your signature, please.（事務的な署名）、あるいは Give me your autograph, please.（有名人のサイン）です。sign は動詞としてはあくまで「サインする」という意味で、名詞の「署名」の意味はありません。

sign の「（占星術における）星座」の意味は、大きな辞書の最後の項目にやっと出てくるようなマイナーなものですが、Give me your sign, please. という文章ではもっとも有力な意味になると言います。英語は本当に難しいですね。

前置きが長くなりましたが、英単語 sign の語幹は **sign（印、印を付ける）** で、そこから design や assign などのいくつかの単語が生まれています。

例文

show **signs** of illness：病気の徴候を示す

make the **sign** of the cross：十字を切る

It was an event of great **significance**.　それは非常に重要な出来事だった。

carry out one's **design**：計画を実行する

Our teacher **assigned** us some homework.　先生は私たちに宿題を出した。

She **resigned** her position as a director.　彼女は理事職を辞任した。

resign all hopes：あらゆる希望を捨てる

もう一歩踏み込んで！

■さまざまな「記号」

「記号」を意味する語には sign のほかに mark や symbol があります。sign は a plus sign（＋）や a flat sign（♭）のように「何かの意味や内容を表す記号」を、mark は make a mark on the wall（壁に印を付ける）のように目印のための記号を、symbol は P is a symbol for parking.（P は駐車場を表す記号だ）のように短縮の記号を表しますが、この3語は区別なく用いられることもあります。

49 入植の目的は？

popul (人々の)

population（人口）は populate（住まわせる、植民する）という動詞の派生語です。populate は、もともと、ローマ帝国がある地域を征服した後、そこにローマ人を入植させることを意味していました。それが占領地を支配する方法だったのです。

語幹は **popul**（人々の）で、population の意味は「人々」→「住まわせる」→「住民」→「人口」と変化しました。

population
原「人々」
→「住民」
→「人口」

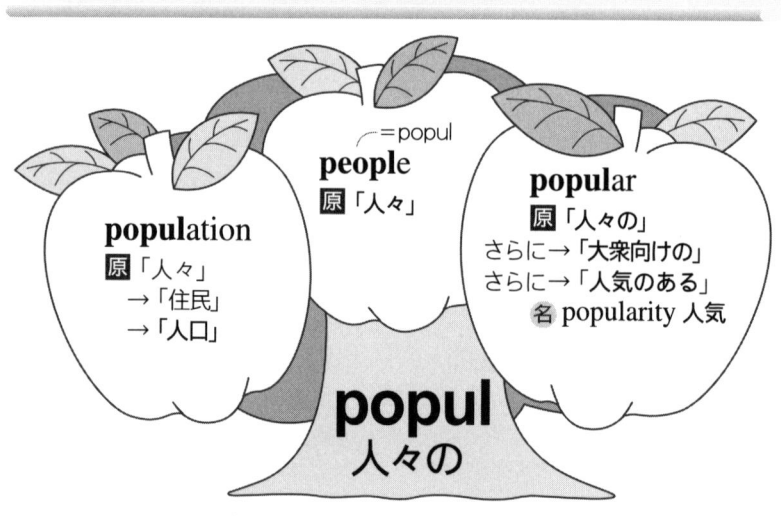

people = popul
原「人々」

popular
原「人々の」
さらに→「大衆向けの」
さらに→「人気のある」
名 popularity 人気

popul
人々の

((もう一歩踏み込んで!))

■ personality は「仮面」から

people が出たついでに **person**（人）に触れておきましょう。person はラテン語 persona（仮面）を語源としていて、その意味は「仮面」→「(劇の)登場人物」→「人」と変化しました。

person の派生語 **personality** は「人格」と訳されていますが、もとの「仮面」の意味からして内面的なものではなく、「社会的・外面的な人格」を表しています。

ちなみに **character**（性格、特徴）の原義は「刻みつける」です。

どうしてclub(棍棒)がクローバーなの

　トランプには4種類の組札（英語ではsuitと言います）がありますが、「ハート(heart)」以外は名前と絵が合っていない気がします。特に、「クラブ(club)」は、「棍棒」という意味とクローバーの絵がまるで違います。これはいったいどうしてなのでしょうか？

　トランプはタロット(tarot、英語の発音は[タロウ])と呼ばれる占い用のカードから生まれたもので、標準的なものはspada(剣)、coppa(聖杯)、denaro(貨幣)、bastone(棍棒)の4種類から成っていました（いずれもイタリア語）。「剣」は軍閥・王侯を、「聖杯」は僧職を、「貨幣」は商業を、「棍棒」は農業を表していました。トランプのゲームの中には、スペードがもっとも強く、クラブがもっとも弱いというルールのものがありますが、それはこの階級による差別のなごりです。

　一方、この標準的なもののほかに、フランスでpique(槍)、cœur(心臓)、carreau(教会の敷石)、trefre(クローバー)の4種類から成るトランプが発達しました。そして実は、今日のトランプの絵はすべてこのフランス式を採用しているのです。

　結果として、以下のような組み合わせが生じました。spade(スペード)は「剣」を意味しますが、絵はフランス式の「槍」です（ずいぶん丸みを帯びた槍ですが）。heart(ハート)はフランス語cœurの英訳で、これだけは名前、絵、共にフランス式が採用されています。diamond(ダイアモンド)は貨幣あるいは富を象徴していますが、絵はフランス式の「敷石」です。そしてclub(クラブ)は「棍棒」ですが、絵はフランス式の「クローバー」なのです。

　ちなみに「トランプ」は英語ではplaying cards(あるいは単にcards)と言い、trumpは「切り札」を意味します。trumpはtriumph(勝利)がなまったものです（原義は「凱旋式」）。

50　ケープを脱げば escape

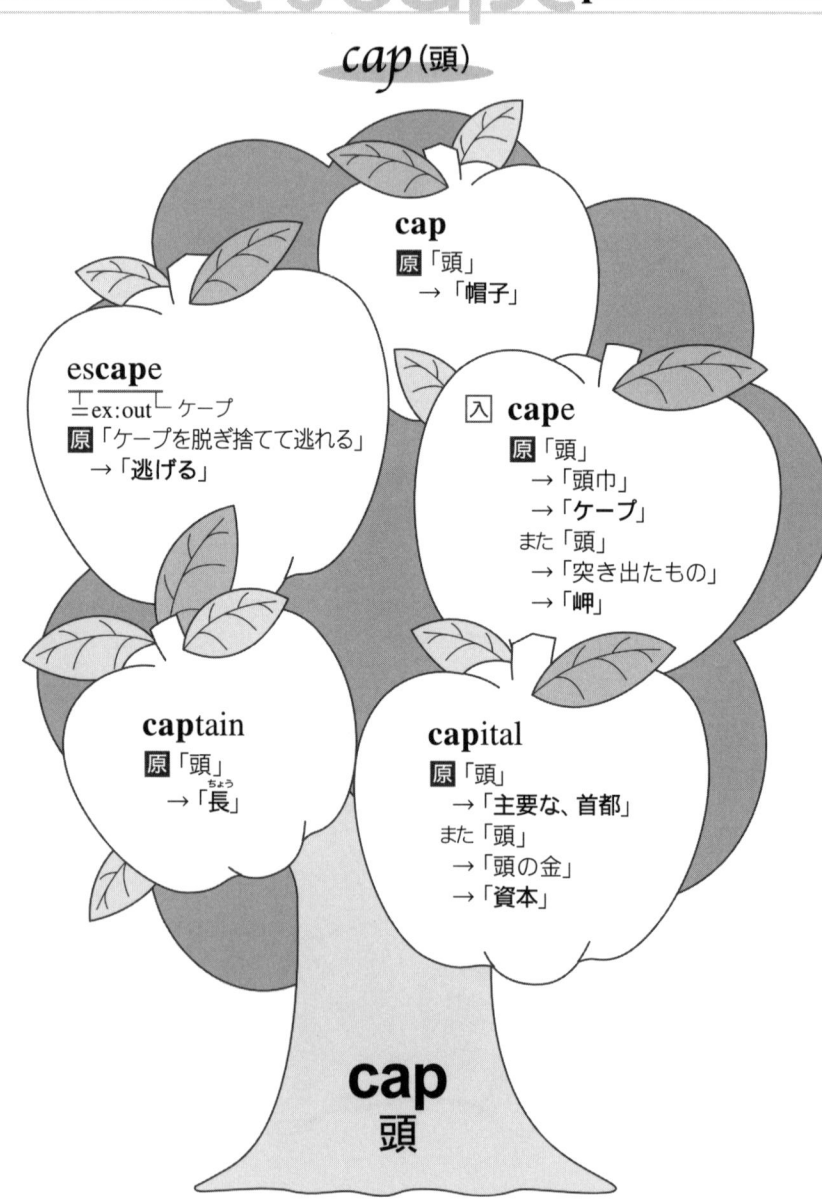

cap（頭）

cap
原「頭」
→「帽子」

escape
= ex:out ─ ケープ
原「ケープを脱ぎ捨てて逃れる」
→「逃げる」

入 **cape**
原「頭」
→「頭巾」
→「ケープ」
また「頭」
→「突き出たもの」
→「岬」

captain
原「頭」
→「長（ちょう）」

capital
原「頭」
→「主要な、首都」
また「頭」
→「頭の金」
→「資本」

cap
頭

マントのようにすっぽり着る雨具「カッパ(合羽)」は、実はラテン語からきた語です。

江戸時代、長崎に出入りするポルトガル人の capa と呼ばれるマントを地元の人がまねて作ったのが「カッパ」のはじまりとされていますが、この capa の語源はラテン語 caput(頭)で、その意味は「頭」→「頭巾」→「マント」と変化しました。

さてこの capa に相当する英語は capa であり、同様の道をたどって「ケープ(肩マント)」という意味になりました。そしてこの cape に接頭辞 es(=ex:out)が付いたのが escape で、「(追っ手につかまれた)ケープを脱ぎ捨てて逃れる」の原義から今日の「逃げる」の意味になりました。

このグループの単語の語幹は **cap** で、これを語幹とする語の意味はいずれも**「頭」**に関係しています。

例文

escape from prison：脱獄する

escape from a sinking ship：沈む船から脱出する

もう一歩踏み込んで!

■chiefも「頭」から

形はずいぶん変化していますが、**chief** もまたこのグループに属します。語幹は chi で、その意味は「頭」から「長」になりました。フランス語の chef(シェフ)はもともと chief と同じ語です。

chief に接頭辞 a(=ad:〜へ)が付いた形が **achieve** で、その意味は「頭へ」→「終わりへ」→「**達成する**」と変遷しました。ラテン語で「頭」が「終わり」の比喩として用いられていたことがその背景にあります。

■capital punishment(死刑)

「死刑」は、capital punishment と言いますが、これは、「頭(命)を失う(に値する)刑」という意味です。

■チャペル

chapel は cape の派生語です。ある聖者が着用していたケープを秘蔵する建物を chapel と呼んだことに始まり、一般に「**礼拝堂**」を意味するようになったものです。

51　荒馬を manage せよ

man (手)

　manage（管理する）はもともとは馬の調教に関係する語でした。英語としての最初の意味は「叱ったりなだめたりしながら荒馬を御する」であり、そこから I managed to pass the examination.（どうにか試験に合格した）の「どうにか〜する」という意味が生まれました。
　この語の語幹は **man**（手）で、その意味は「手」→「(手で)扱う」→「馬を操る」と変化し、ここからさらに「管理する」と「どうにか〜する」の2つの意味が生まれたわけです。

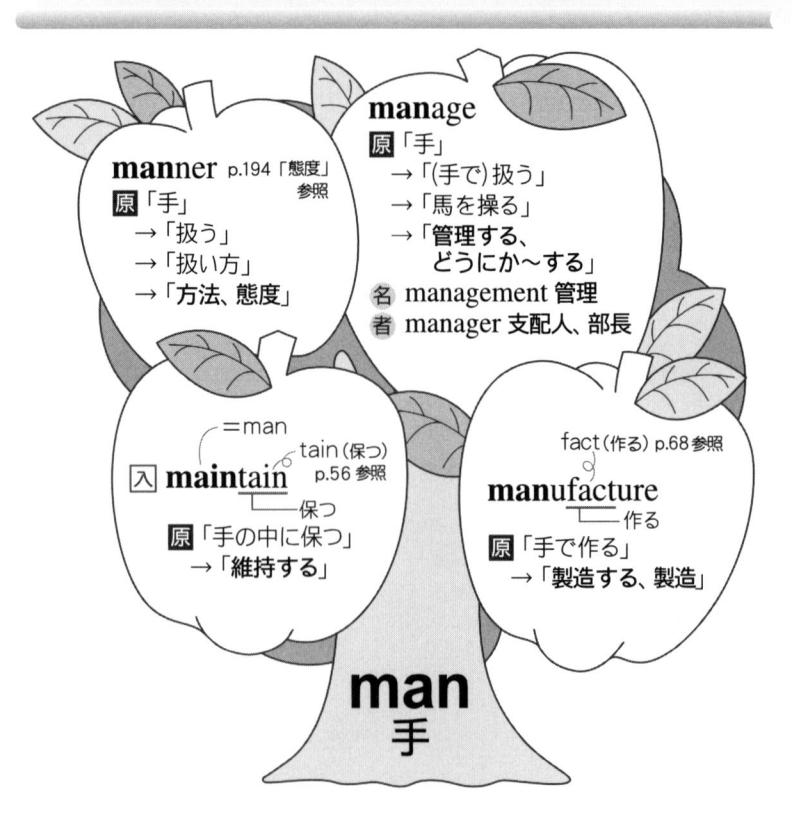

---

manner　p.194「態度」参照
原「手」
　→「扱う」
　→「扱い方」
　→「方法、態度」

manage
原「手」
　→「(手で)扱う」
　→「馬を操る」
　→「管理する、
　　どうにか〜する」
名 management 管理
者 manager 支配人、部長

入 **main**tain
　＝man
　tain（保つ）p.56参照
　保つ
原「手の中に保つ」
　→「維持する」

manufacture
　fact（作る）p.68参照
　作る
原「手で作る」
　→「製造する、製造」

man
手

52 prince は「国王」だった

prim (第一の), *prin* (第一のもの)

　「プリンス」と言えば「王子様」に決まっていると思うかもしれませんが、prince はもともとは「国王」あるいは「統治者、君主」を意味する語でした。
　ところが14世紀にイギリス国王が当時のウェールズ国王(Prince of Wales)を退位させ、自分の息子(王子)にその称号を継がせたことから、「prince＝王子」が定着してしまったのです。
　さてこの prince は、語幹 **prim**(第一の)ともう１つの語幹 cep(＝cept(取る)(p.40参照))が合体してできた新しい語幹 **prin**(第一の位を占める者、第一のもの)から生まれた語です。

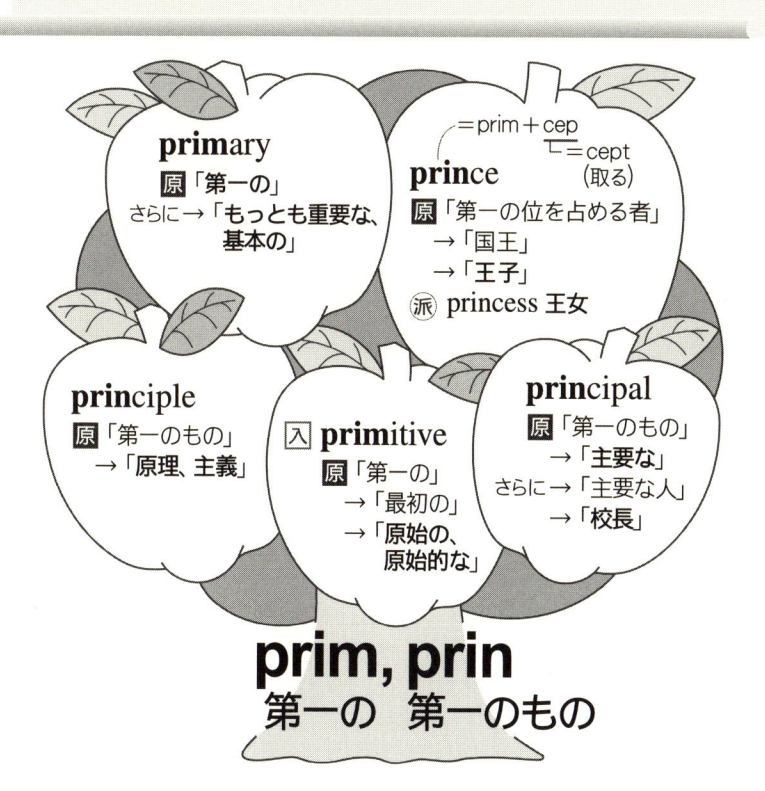

primary
原「第一の」
さらに→「もっとも重要な、基本の」

prince ＝prim＋cep
　　　　　　＝cept (取る)
原「第一の位を占める者」
→「国王」
→「王子」
派 princess 王女

principle
原「第一のもの」
→「原理、主義」

入 **prim**itive
原「第一の」
→「最初の」
→「原始の、原始的な」

principal
原「第一のもの」
→「主要な」
さらに→「主要な人」
→「校長」

prim, prin
第一の　第一のもの

第１部　英単語を語幹別に覚える

53　100のうちのいくつ？

cent (100)

アメリカの貨幣単位 cent(セント)は、「**100**」を意味する語幹 **cent** をそのまま採用したものです。1ドルの100分の1ということで1782年に名付けられました。

percent(あるいは per cent)(パーセント)の per は「〜につき」の意味で、30 percent は「100のうちの30」を意味します。

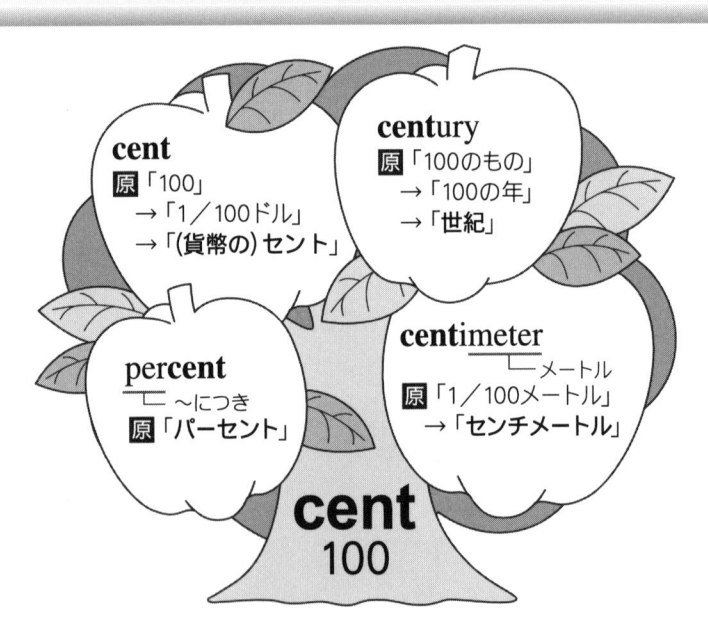

cent
原「100」
→「1／100ドル」
→「(貨幣の)セント」

century
原「100のもの」
→「100の年」
→「世紀」

per**cent**
└ 〜につき
原「パーセント」

centimeter
　　　└ メートル
原「1／100メートル」
→「センチメートル」

cent
100

((もう一歩 踏み込んで！))

■1000 は mil

「1000」を意味する語幹は mil で、普通は milli- の形でつながります。たとえば **millimeter** は「1／1000メートル」から「**ミリメートル**」に、**million** は mil + on (接尾辞「大きな」)すなわち「大きな1000」の原義から「1000の1000倍」→「**100万**」になった語です。

第 2 部
～英単語を意味・テーマ別に覚える～

1 見る、聞く

watchには「じっと見る」と「腕時計」の意味がありますが、この2つにはどんな関係があるのでしょうか？

watchの原義は「起きている」で、長い間「見張りをする、見張り、寝ずの番」の意味に使われていましたが、やがて今日の「じっと見る」に移行しました。

一方の「腕時計」の意味は「起きている」→「(時計に取りつけられた)目覚まし装置」→「目覚まし時計」と変化して生まれたと考えられています。当初は大型の時計を指していました。

ちなみに clock (時計) の原義は「鐘」です。

見る

see
原「見る」
目に入る

look
原「注意して見る」
→「見る」
意図的に見る

watch
原「起きている」
→「見張りをする」
→「じっと見る」
動くものを注意して見る

stare
原「じっと見つめる」
無礼にじろじろ見る

glance
原「(武器が)かする」
→「ちらりと見る」
ちらりと見る

例文

I **saw** the dog.　私はその犬を見た (目に入った)。
I **looked** at the dog.　私はその犬を (意識して) 見た。
Watch me carefully.　私のすることを注意して見なさい。
The old man **stared** at me.　その老人は私をじろじろ見た。
She **glanced** at him.　彼女はちらりと彼を見た。

sight
原「見る」
→「見ること、視覚、光景」

見えたままの光景

view vi(見る) p.20参照
原「見る」
→「眺め、視界、意見」

特定の場所からの眺め

scene
原「芝居のテント」
→「舞台、場面」
→「景色」

一目で見渡せる景色

vision vi(見る) p.20参照
原「見る」
→「視力、幻、見通す力」

見ること etc.

例文

I can't bear the **sight** of him. 私は彼を見るのもいやだ。
The hill affords a **view** of the river. その丘からは川が見渡せる。
The snow-covered field presented an impressive **scene**.
　その雪で覆われた野原は印象的な光景だった。
the field of **vision**：視界　　a man of **vision**：先見の明のある人

◀◀◀

hear
原「注意する」
→「聞く」

耳に入る

listen
原「聞く、耳を傾ける」

注意して聞く

聞く

例文

I **listened**, but **heard** nothing. 私は耳を澄ませたが、何も聞こえなかった。

◀◀◀

（（ もう一歩 踏み込んで！ ））

■auditionは「聞くこと」

　audio（オーディオの、音声の）という語が示す通り、audi は「聞く」という意味の語幹です。このグループのもっとも重要な単語は **audience** で、「聞くこと」から「**聴衆**」の意味になりました。**audition**（オーディション）も「（志願者の歌などを）聞くこと」からきています。

第2部　英単語を意味・テーマ別に覚える

2 話す

ATM（現金自動預け払い機）は Automatic Teller Machine の略です。この中の teller は「（銀行の）窓口係」のことですが、文字通りには「（金を）数える人」を意味します。

そして実はこの「数える」が tell の原義で、その古い古い意味が ATM という最新の機械の名に残ったことになります。

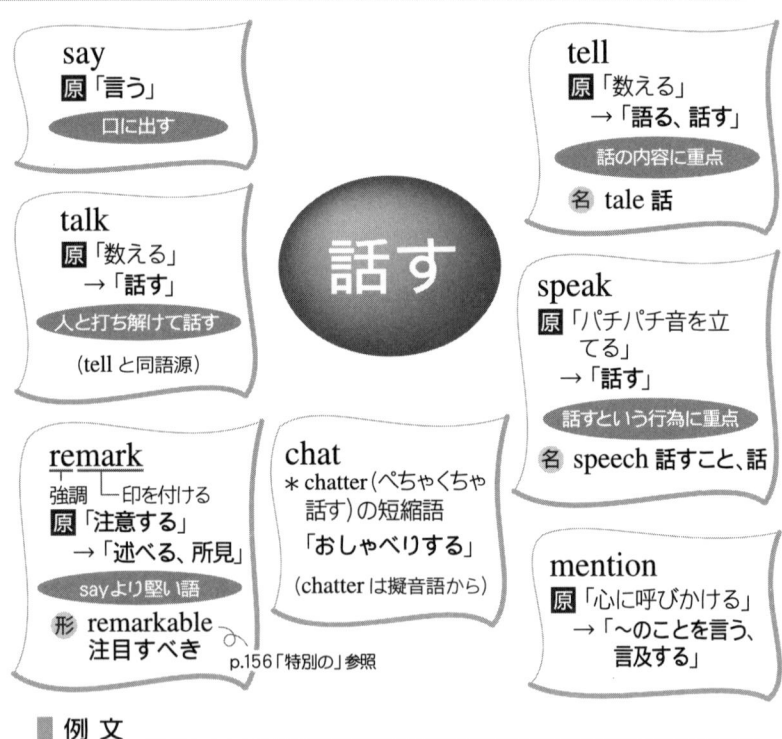

say
原「言う」
口に出す

tell
原「数える」
→「語る、話す」
話の内容に重点
名 tale 話

talk
原「数える」
→「話す」
人と打ち解けて話す
(tell と同語源)

speak
原「パチパチ音を立てる」
→「話す」
話すという行為に重点
名 speech 話すこと、話

remark
強調 └印を付ける
原「注意する」
→「述べる、所見」
say より堅い語
形 remarkable 注目すべき
p.156「特別の」参照

chat
＊chatter（ぺちゃくちゃ話す）の短縮語
「おしゃべりする」
(chatter は擬音語から)

mention
原「心に呼びかける」
→「〜のことを言う、言及する」

例文

He **remarked** how lovely her dress looked.
　彼女のドレスがとてもきれいだと彼は言った。

She didn't **mention** the quarrel to me.
　彼女はその口論のことを私に言わなかった。

声に出す

cry
原「大声で懇願する」
→「叫ぶ、泣く」
「叫ぶ」および「泣く」の一般語

shout
原「あざけり」
→「叫ぶ」
感情よりも大声を出すこと自体に重点

scream
＊鳥の鳴き声の擬音語から
「金切り声を出す」

whisper
「シュッという音を出す」
→「ささやく」

■ 例 文

He **shouted** at her in anger. 彼は怒って彼女を怒鳴りつけた。
The girl **screamed** in pain. その少女は痛がって悲鳴を上げた。
She **screamed** for help. 彼女は助けてと叫んだ。
She **whispered** something in his ear. 彼女は彼に何か耳打ちした。

もう一歩 踏み込んで！

■彼は泣いているの、叫んでいるの？

　cry には「叫ぶ」と「泣く」の両義があり、どちらの意味か判断に迷うケースも出てきますが、その場合はほとんどが「泣く」だと考えてよいでしょう。「叫ぶ」の意味に使うときは、たとえば cry out for help (助けを求めて大声で叫ぶ) のように、叫ぶ理由を示す語を伴うのが普通だからです。

　なお「泣く」には weep という語もありますが、cry が主に「大声を上げて泣く」ことであるのに対し、weep は「涙を流す」ことに重点が置かれています (より堅い語)。また weep は赤ん坊には使いません (The baby is weeping. とは言わない)。

The baby began to **cry** suddenly. その赤ん坊は突然泣き出した。
He **cried** that he wanted food. 彼は食べ物が欲しいと叫んだ。
She **wept** to see him leaving. 彼女は彼が去っていくのを見て泣いた。

3　得る、持つ

今日では同じ「得る」を意味する gain と earn ですが、原義はそれぞれ「獲物を追いかける」、「作物を収穫する」です。農業では労力の積み重ねが重要であるのに対し、狩猟では努力が必ず成功につながるとは限りません。つまり努力にうまく立ち回る才覚を加味して何かを「手に入れる」のが gain ということになるでしょう。

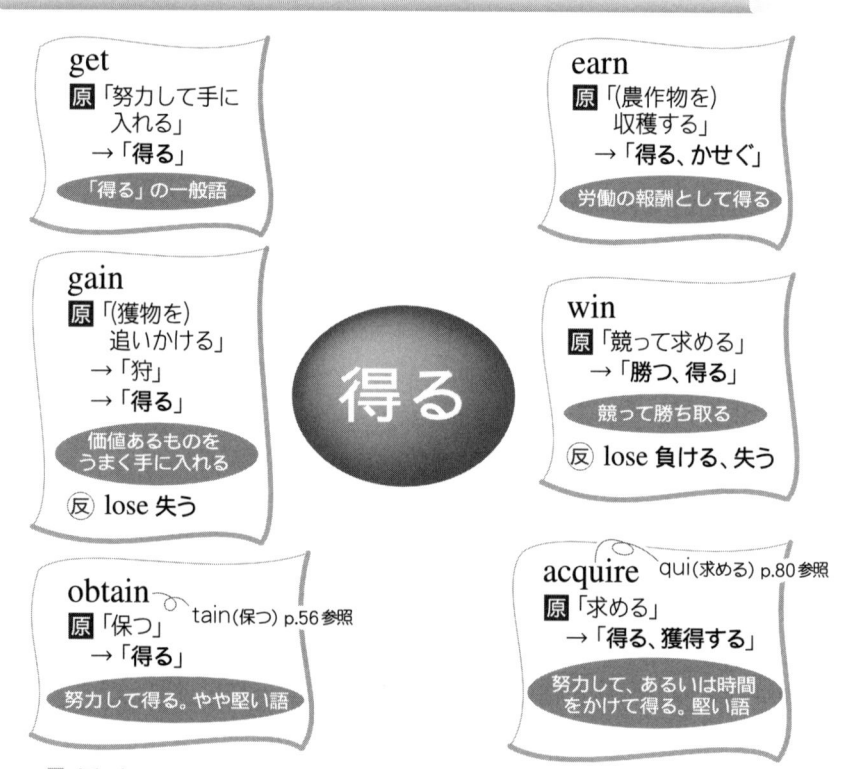

得る

get
原「努力して手に入れる」
→「**得る**」
「得る」の一般語

earn
原「(農作物を)収穫する」
→「**得る、かせぐ**」
労働の報酬として得る

gain
原「(獲物を)追いかける」
→「狩」
→「**得る**」
価値あるものをうまく手に入れる
反 lose 失う

win
原「競って求める」
→「**勝つ、得る**」
競って勝ち取る
反 lose 負ける、失う

obtain — tain(保つ) p.56参照
原「保つ」
→「**得る**」
努力して得る。やや堅い語

acquire qui(求める) p.80参照
原「求める」
→「**得る、獲得する**」
努力して、あるいは時間をかけて得る。堅い語

例文

gain wealth：富を得る　　**gain** by losing：損して得する
He **earned** his living by farming.　彼は農業で生計を立てた。
He **won** her heart.　彼は彼女の心を射止めた。

持つ

have
原「所有する」
→「持つ」
「持つ」の一般語

hold
原「(家畜の)番をする」
→「つかむ、持つ」
しっかりと持つ

own
原「自分自身の」
→「所有する」
(「自分自身の」が本来の意味)

possess
できる─座る
原「座ることができる」
→「所有する」
財産として所有する。堅い語
名 possession 所有(物)

例文

Do you **own** this yacht? あなたはこのヨットを持っているのか？
He **possesses** a large fortune. 彼は大きな財産を所有している。

つかむ

catch
原「追う、狩りをする」
→「つかまえる」
動いているものをつかまえる

seize
原「手に入れる」
→「ぐいとつかむ、襲う」

grasp p.107「理解する」参照
原「手探りする」
→「つかむ、理解する」

もう一歩踏み込んで！

■ 同じ「しっかりつかむ」でも……

　seize と grasp の基本的な意味は共に「しっかりつかむ」で、まったく同じと言えます。けれども比喩的には seize は主に「襲う」の意味に、grasp は「理解する」の意味に用いられます。grasp の「理解する」には、原義の「手探りする」の意味が生きているようです。

第2部　英単語を意味・テーマ別に覚える

4　知る、理解する

studyとlearnの違いを説明できるでしょうか？
studyが勉学する行為を指し、その成果を含まないのに対して、learnは何かを習得することを意味します。つまり I studied it hard, but learned little.（それを懸命に勉強したが、ほとんど習得しなかった）という文も可能なわけです。

知る

know
原「知る」
　知識として持つ
名 knowledge
　知識

learn
原「教える」
　→「習得する、知る」
　学習や経験などで身に付ける、知る

気付く

notice
原「知る」
　→「気付く、注意、通知」

conscious
強調 ― 知る
原「知っている」
　→「意識している、気付いている」
　内面の気付きを伴う
名 consciousness
　気付き、意識

aware
原「用心する」
　→「気付いている」
　観察・情報などを通して気付いている

《《 もう一歩 踏み込んで！ 》》

■consciousとconscienceは双子の兄弟

consciousによく似た語に **conscience** があります。conscienceの構成はcon（強調）+sci（知る）で、consciousとまったく同じですが、こちらは「知っている」から「（善悪を）意識する」を経て「**良心**」の意味になりました。

理解する

understand p.27「もう一歩踏み込んで」参照
原「間に立つ」
→「理解する」

grasp p.105「つかむ」参照
「つかむ、理解する」

identify
原「同じである」
→「同一と認める」
名 **identity**
同一性

realize
「real(本当)にする」
→「実現する」
→「悟る」
はっきりと理解する
名 **realization**
認識、実現

recognize p.121「認める」参照
再び─強調─知る
原「再び知る」
→「それとわかる、認める」
名 **recognition**
認知、承認

例文

I didn't **realize** how important it was.
　私はそれがどれだけ重要か理解していなかった。
I **recognized** the voice as my son's. 私にはその声が息子のものとわかった。

居場所を見つけるのがアイデンティティの確立？ COLUMN

　identity は文字通りには「AとBが同一であること」であり、「正体」や「身元」などの意味に使われますが、より広く「ある個人の存在理由、存在の意味」を表すこともあります。
　人が「自分はなぜこの世に存在する必要があるのか？」とか「自分は何に向かって生きていけばいいのか？」といった疑問に悩まされるとき、その人は identity crisis(アイデンティティの危機)に直面したと言われます。自分の「居場所」を見つけ、「こうしている自分が本当の自分だ」と実感できるようになるまで、その人の「アイデンティティ探しの旅」は続くことになります。
　ちなみにＩＤカードは identification card すなわち「AとBが同一であることを証明するカード、身分証明書」のことです。

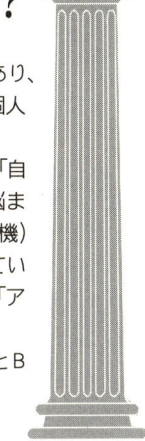

5　望む、思う、信じる

　considerはcon(強調)＋sid(星)という構成で、原義は「星を観察する」であり、またdesireはde(離れて)＋sir(＝sid：星)で、原義は「(自分の)星から離れる」です。
　いずれももともとは占星術に関係する語で、後者は「自分の幸運の星が見当たらない」→「(それを)求める」→「強く望む」と変遷しました。占星術には人の欲望が反映されているようですね。

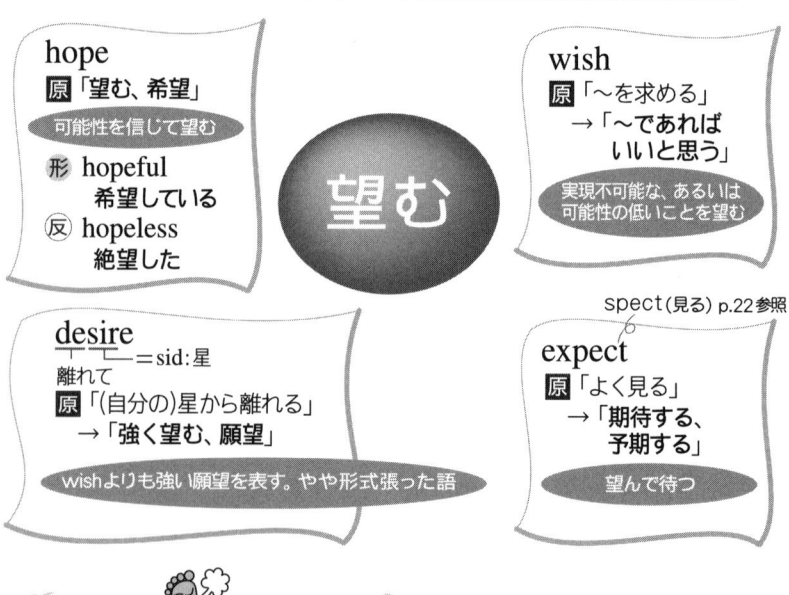

---

hope
原「望む、希望」
可能性を信じて望む
形 hopeful　希望している
反 hopeless　絶望した

wish
原「〜を求める」
→「〜であればいいと思う」
実現不可能な、あるいは可能性の低いことを望む

望む

desire
de＋sir＝sid：星
離れて
原「(自分の)星から離れる」
→「強く望む、願望」
wishよりも強い願望を表す。やや形式張った語

spect(見る) p.22参照
expect
原「よく見る」
→「期待する、予期する」
望んで待つ

《 もう一歩 踏み込んで！ 》

■叶わないと知りつつ望む wish

　wishは主に仮定法と共に用いる語で、実現不可能な望みの場合はI wish I were you.(私が君だったらいいのに)のように、可能性の低い望みの場合はI wish you would stop smoking.(禁煙してくれればいいのに——無理だろうが)のように言います。
　可能性を信じている場合はhopeを用い、直説法でI hope you will stop smoking.(君が禁煙することを望む)のように言います。

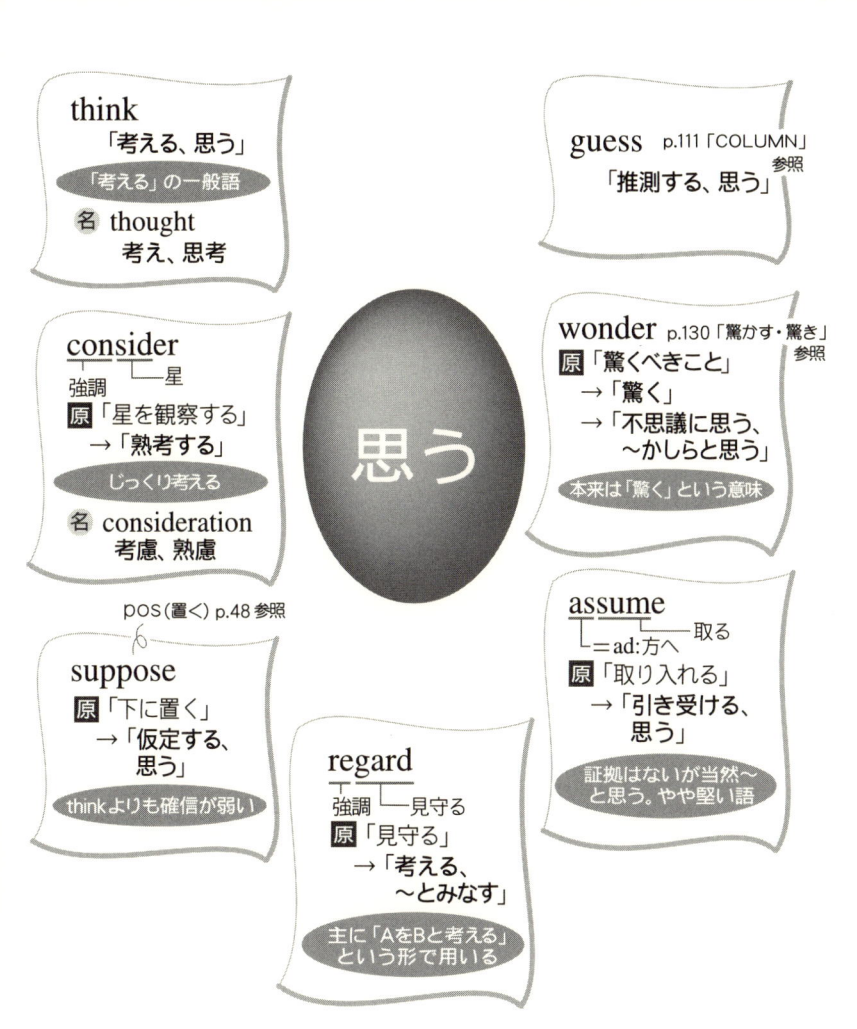

think
「考える、思う」
「考える」の一般語

名 **thought**
考え、思考

guess p.111「COLUMN」参照
「推測する、思う」

consider
強調 ┬ 星
原「星を観察する」
→「熟考する」
じっくり考える

名 **consideration**
考慮、熟慮

思う

wonder p.130「驚かす・驚き」参照
原「驚くべきこと」
→「驚く」
→「不思議に思う、〜かしらと思う」
本来は「驚く」という意味

suppose
pos(置く) p.48 参照
原「下に置く」
→「仮定する、思う」
thinkよりも確信が弱い

regard
強調 ┬ 見守る
原「見守る」
→「考える、〜とみなす」
主に「AをBと考える」という形で用いる

assume
┬ =ad:方へ ┬ 取る
原「取り入れる」
→「引き受ける、思う」
証拠はないが当然〜と思う。やや堅い語

例文

Can you **guess** how old she is? 彼女の年齢を推測できるか？

I have **considered** his proposal. 私は彼の提案をじっくり考えた。

I'm **wondering** why he is so late. 私はなぜ彼がこんなに遅いのか考えている。

I **suppose** it will be fine tomorrow. 明日は天気になると私は思う。

He is generally **regarded** as a good teacher.
　彼は良い教師だと一般的に考えられている。

I **assumed** that I would be elected. 私は自分が選ばれると思い込んでいた。

信じる

believe
原「大切に思う」
→「信じる」
「信じる」の一般語
名 belief
信じること、信念

trust
原「堅いこと」
→「信頼、信用する」
主に人を「信用する」

convince
強調 — 征服する
原「完全に征服する」
→「確信させる」

faith
原「信じること」
→「信頼、信仰」
理屈を越えた信頼および宗教的な信仰

credit
原「信じる」
→「信用、良い評判」
主にビジネスあるいは世間的な信用

confidence
強調 — 信頼する
原「完全に信頼する」
→「信頼、自信」
全面的に信じ、頼る
形 confident
確信のある、自信のある　p.153「確かな」参照

例文

She put her **trust** in him. 彼女は彼を信用した。
Can we **trust** what he says? 彼の言うことは信用できるだろうか?
I am **convinced** of your success. 私はあなたの成功を確信している。
She has firm **faith** in her husband. 私は夫を固く信じている。
They gave **credit** to the report. 彼らはその報告を信用した。
He won their entire **confidence**. 彼は彼らの全面的な信頼を得た。
She was full of **confidence**. 彼女は自信満々だった。

COLUMN 言語は樹木に似ているか？

　アメリカ英語の口語では、I guess がしばしば I think の代わりに用いられます。I guess she's all right.（彼女は大丈夫だと思うよ）といった調子です。

　これはイギリス人の耳にはひどく古めかしく聞こえると言います。何しろイギリスでは、guess (p.109「思う」参照) による think の代用は14世紀頃によく見られたものの、その後はすたれてしまったからです。けれどもこの言い方はアメリカに渡って生き延びました。

　これによく似ているのが「秋」を意味する **fall** と **autumn** の関係です。fall の意味は「落ちる」から「葉が落ちる季節」→「秋」と変化しました。一方 autumn の原義は「豊穣の季節＝秋」で、fall よりも後になって一般化しましたが、イギリスでは fall を押しのけて「秋」を表す主たる言葉となりました。けれどもアメリカでは古い fall が今日なお使われています。

　guess や fall 以外にも、イギリス本国ではすでにすたれた意味や発音が、アメリカでは英語が流入した17世紀当時のまま使われていることがあります。その例を挙げてみましょう。

アメリカ英語	イギリス英語
mad（怒った）	この意味ではもはや使われない
sick（病気の）	「吐き気がする」の意味に移行
gotten（get の過去分詞）	got に移行
either を「イーザー」と発音	「アイザー」に移行
car などの r を発音	すでに発音しなくなっている

　このようなことの原因は「言語は、樹木に似て、異なった土地に移植されると、それが根付くまでは成長を拘束される（変化しない）」ことにあると考えられています。同様のことは日本語の中でも起こっており、たとえば中央地域でははるか昔に使われなくなった「わ（我・吾）＝私」が、青森県の一部では今日でも使われています。

第2部　英単語を意味・テーマ別に覚える

6 示す、知らせる

exhibit（展示する）の発音は［イグズィビット］ですが、名詞形 exhibition（展示会、模範演技）はにごらずに［エクスィビション］となります。カタカナ語としてよく使われる「エキジビション」は英語では通用しません。

ちなみに relax の名詞形 relaxation（リラックスすること）の発音も［リーラクセイション］とにごりません。

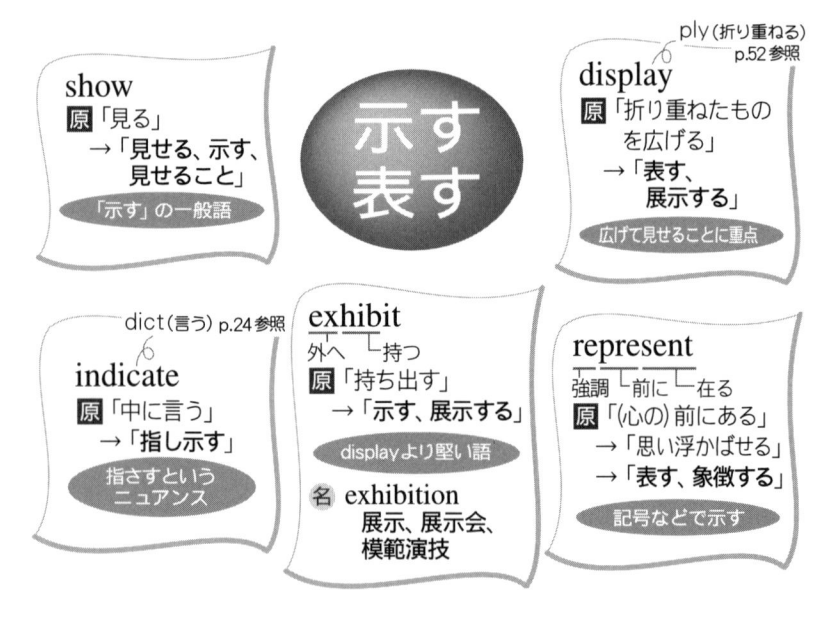

示す / 表す

show
原「見る」
→「見せる、示す、見せること」
「示す」の一般語

display ply（折り重ねる）p.52参照
原「折り重ねたものを広げる」
→「表す、展示する」
広げて見せることに重点

indicate dict（言う）p.24参照
原「中に言う」
→「指し示す」
指さすというニュアンス

exhibit
外へ ┘持つ
原「持ち出す」
→「示す、展示する」
displayより堅い語
名 exhibition 展示、展示会、模範演技

represent
強調 ┘前に ┘在る
原「（心の）前にある」
→「思い浮かばせる」
→「表す、象徴する」
記号などで示す

((もう一歩 踏み込んで！))

■represent イコール stand for

「表す、象徴する」という意味の represent は stand forで置き換えることができます（stand forの方が口語的）。**represent** にはこれとは別に「**代表する**」の意味もあります。派生語の **representative**（**代表者**）もよく使われます。

表現する

describe
down ─ write
原「write down：書き記す」
→「描写する」
名 description 描写

explain
out ─ flat
原「flat out：平らにする」
→「説明する」
名 explanation 説明

express — press(押す) p.42参照
原「押し出す」
→「表現する」
名 expression 表現

例文

Can you **describe** the accident? その事故の様子を説明できるか?
He **explained** why he couldn't go. 彼は行けない理由を説明した。
He **informed** me of her arrival. 彼は彼女の到着を私に知らせた。
It has been **announced** that he is dead. 彼の死去が発表された。

知らせる

inform — form(形作る) p.70参照
原「中に形作る」
→「教育する」
→「知らせる」
名 information 情報

announce
= ad：～へ
= nunc：知らせる
原「知らせる」
主に「公に知らせる」
名 announcement 発表

report — port(運ぶ) p.62参照
原「運び帰る」
→「報告する、報告」

もう一歩 踏み込んで!

■「私に知らせて」は let me know が普通

　inform はかなり堅い語で、「知らせる」は口語では tell あるいは let ～ know が普通です。Please let me know your E-mail address. (あなたのEメールアドレスを知らせてください) といった調子です。

第2部　英単語を意味・テーマ別に覚える

pronounce

前方へ ─ =nunc: 知らせる

原「公に知らせる」
→「断言する」
→「発音する」

名 pronunciation 発音

はっきりと言う

declare

離して ─ 明らかな

原「離して明らかにする」
→「断言する、宣言する」

名 declaration 宣言

宣言する

例文

I was **pronounced** completely cured. 私は完全に治ったと言われた。
He **declared** that it is true. 彼はそれが真実だと断言した。

warn

原「警告する」

alarm

「もう一歩踏み込んで」参照

原「武器を取れ！」
→「警報、驚き、(人を)不安にさせる」

警告する

例文

They **warned** me to stay away from the man.
その男に近付くなと彼らは私に警告した。

（（もう一歩 踏み込んで！））

■勇ましき日々は今いずこ

　alarm はイタリア語 all'arme からきた語です。all'arme は英語に置き換えると to the arms（武器を取れ、戦闘準備をせよ）になりますが、今日の alarm にこの勇ましい響きはなく、むしろ不安や懸念を伴う驚きを表す語となっています。They were alarmed at the news.（彼らはその知らせを聞いて驚きあわてた）といった調子です。

7　意見を言う

discuss（話し合う）は dis（離して）+ cus（揺さぶる）という構成の語で、「バラバラにする」を原義とします。今日の意味は「バラバラにして調べる、検討する」を経て生まれたもので、あくまで「最善の解決策を求めて冷静に話し合う」ことを言います。

これに対して、battle (p.138「戦う・戦い」参照) と同語源である debate（討議する）は、しばしば賛否に分かれての、相手を論破することを目的とした討議を意味します。

議論する

discuss
離して／揺さぶる
原「バラバラにする」
→「調べる」
→「話し合う」
冷静な話し合い
名 discussion 話し合い

debate
強調／打つ
原「戦う」
→「討議、討論する」
相手を論破するための討議

argue
原「明らかにする」
→「議論する、主張する」
自説を主張したり相手を説得したりする
名 argument 議論

dispute
離して／計算する
原「別々に計算する（そして合計する）」
→「検討する」
→「論争する」
感情的なものも含んだ激しい議論

quarrel
原「不平を言う」
→「口論、言い争う」

例文

We **discussed** what to exhibit. 私たちは何を展示すべきかを話し合った。
They **debated** whether to support the strike or not.
　彼らはそのストライキを支持するべきかどうかを討議した。
He **argued** against the plan. 彼はその計画に反対する意見を述べた。
What's the use of **disputing** with him? 彼と言い争って何になる？

提案する

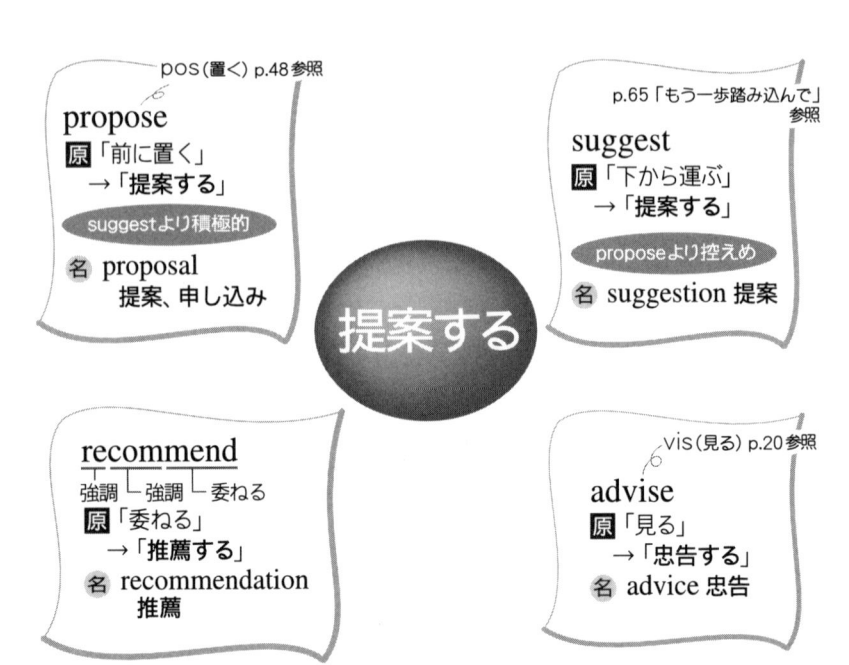

propose — pos(置く) p.48参照
- 原「前に置く」→「提案する」
- suggestより積極的
- 名 proposal 提案、申し込み

suggest — p.65「もう一歩踏み込んで」参照
- 原「下から運ぶ」→「提案する」
- proposeより控えめ
- 名 suggestion 提案

recommend
- 強調 — 強調 — 委ねる
- 原「委ねる」→「推薦する」
- 名 recommendation 推薦

advise — vis(見る) p.20参照
- 原「見る」→「忠告する」
- 名 advice 忠告

例 文

I **suggested** that she should remain. 彼女は残った方がいいと私は提案した。
I **recommended** her as a good cook. 私は彼女を優れた料理人として推薦した。
He **advised** her to stop smoking. 彼は彼女に禁煙するよう忠告した。

◀◀◀

主張する

insist — sist(立つ) p.28参照
- 原「上に立つ」→「主張する」

stress
- 原「ぴんと張る」→「圧迫」→「強調する、強調」
- (「ストレス」の意味も「圧迫」から)

例 文

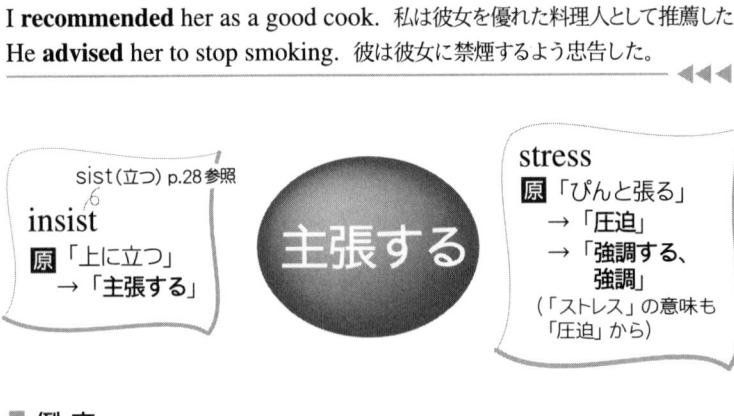

He **insisted** on seeing her. 彼は彼女に会うと言い張った。
I want to **stress** the necessity. 私はその必要性を強調したい。

◀◀◀

反対する

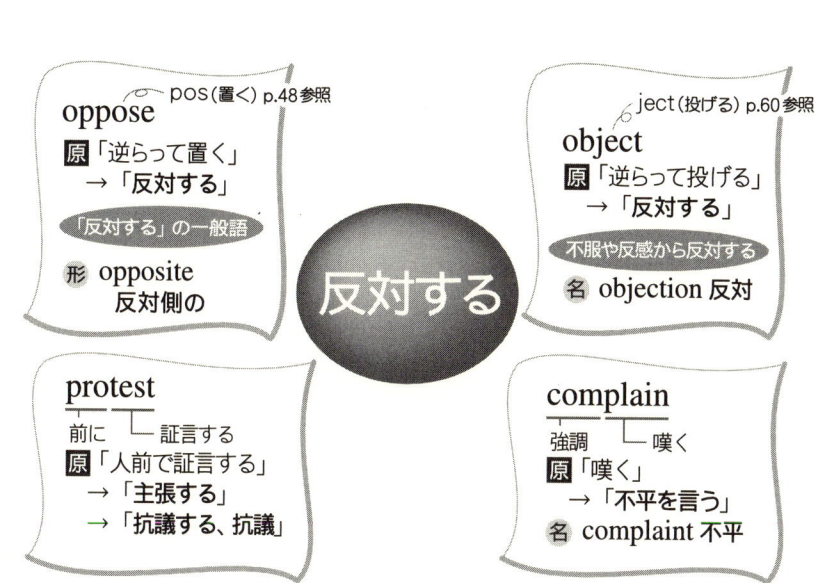

oppose — pos(置く) p.48参照
原「逆らって置く」
→「反対する」
「反対する」の一般語
形 opposite 反対側の

object — ject(投げる) p.60参照
原「逆らって投げる」
→「反対する」
不服や反感から反対する
名 objection 反対

protest
前に ─ 証言する
原「人前で証言する」
→「主張する」
→「抗議する、抗議」

complain
強調 ─ 嘆く
原「嘆く」
→「不平を言う」
名 complaint 不平

例文

He **opposed** my suggestion.　彼は私の提案に反対した。

もう一歩踏み込んで!

■ローマ教会に抗議する人びと

Protestant（プロテスタント：Catholic（カトリック）に対する新教徒）はprotestの派生語で、「抗議する人」を意味します。このうち特にイギリス国教会のカトリック的傾向に反対した人は**Puritan**（清教徒）と呼ばれます。

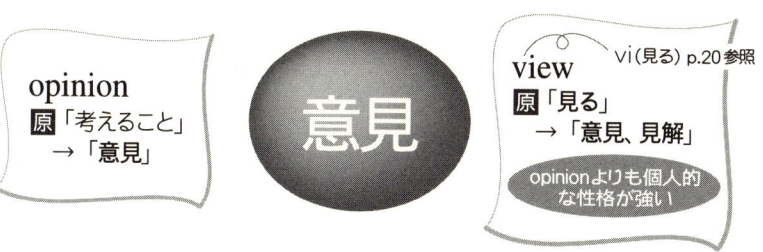

意見

opinion
原「考えること」
→「意見」

view — vi(見る) p.20参照
原「見る」
→「意見、見解」
opinionよりも個人的な性格が強い

例文

In my **view,** it is out of date.　私の見解では、それは時代遅れだ。

第2部　英単語を意味・テーマ別に覚える

8 頼む、促す、命令する

persuade は「説得する」と訳されますが、通常は「説得に成功する」ことを指します。それでは単に「説得する」は？
もっとも近いのは urge で、こちらは「～するよう促す」のみで、それに成功したかどうかは問いません。
この2語の違いをじっくり味わってみましょう。

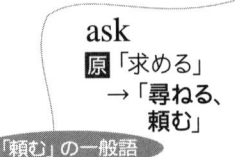

頼む

ask
原「求める」
→「尋ねる、頼む」
「頼む」の一般語

beg
原「請う」
熱心に、あるいはへりくだって頼む

request
que（求める）p.80 参照
原「再び求める」
→「頼む、頼み」
ask より正式で意味が強い

appeal
＝ad：～へ　引き立てる
次頁の「COLUMN」参照
原「引き立てる」
→「懇願する、懇願」
beg を強調した語

要求する

demand
強調 — 委ねる
原「委ねる」
→「要求する、要求」
有無を言わさず要求する

claim
原「叫ぶ」
→「要求する、主張する、要求」
当然の権利として要求する

claim にはいわゆる「クレームをつける」の意味はない。「文句をつける、苦情を言う」は complain（p.117「反対する」参照）。

例文

He **claimed** the wallet. その財布は自分のものだと彼は主張した。

persuade
強調 ─ 促す
原「強く促す」
→「説き伏せる」

通常は説得に成功したことを含む

促す

urge
原「追い立てる」
→「強く促す」

説得の成否は含まない

形 urgent
追い立てる
→ 急を要する

例文

I **persuaded** him to give up the attempt.
　私は彼を説得してその試みを断念させた。
I **urged** him to give up the attempt. 私はその試みを断念するよう彼に説いた。

order
原「列、階級」
→「秩序、順番」
→「命令、命令する」

「命令する」の一般語

命令する

command
強調 ─ 委ねる
原「委ねる」
→「命令する、命令、指揮」

軍隊などの絶対的な命令

例文

The policeman **commanded** them to stop.
　その警官は止まれと彼らに命じた。

COLUMN「引き立てる」がいつの間にか「懇願する」に……

appeal の原義は「借金の支払いを求めて裁判所に引き立てる」です。これから「告訴する」の意味が生まれ、「訴える」→「懇願する」と変遷しました。この語には「**上告する**」という意味もありますが、こちらの方が原義に近いわけです。スポーツ用語の「**(判定を不服として)アピールする**」はこの「上告する」からきています。

They are **appealing** for help. 彼らは助力を懇願している。
He **appealed** to a higher court. 彼は上級裁判所に控訴した。

9　許す、認める

「許す」に相当する英単語は、permit など「認可する」という意味の語と、forgive など「罪を許す」という意味の語に分かれます。forgive は相手の罪を知った上であえて罰（あるいは仕返し）を加えないということで、日本語ではこれに特に「赦す」という字をあてることがあります。世界平和はこの forgive の精神が広まってはじめて達成されるのではないでしょうか？

許す

allow
原「賞賛する」
→「認める、許す」
主に「禁止しない」という消極的な許可

permit ─ mit(送る) p.58参照
「通す」
→「許す」
正式に許可する。allowより堅い語。
名 permission 許可

forgive
強調 ─ 与える
原「与える」
→「許す」
人の罪をとがめずに許す

excuse
外へ ─ 非難
原「容赦する、許す」
軽い過失を大目に見る

《 もう一歩 踏み込んで! 》

■謝っているわけではない Excuse me.

excuse、pardon は今日では主に「ごめんなさい」の決まり文句に用いられます。Excuse me. は人前を通るとき、話しかけるときなどに発する語で、通常は謝罪の気持ちは含みません。

Pardon me.（正式には I beg your pardon.）も Excuse me. とほぼ同じ意味に使われますが、より改まった言い方です。「もう一度おっしゃってください」の意味にもよく使われます。

認める

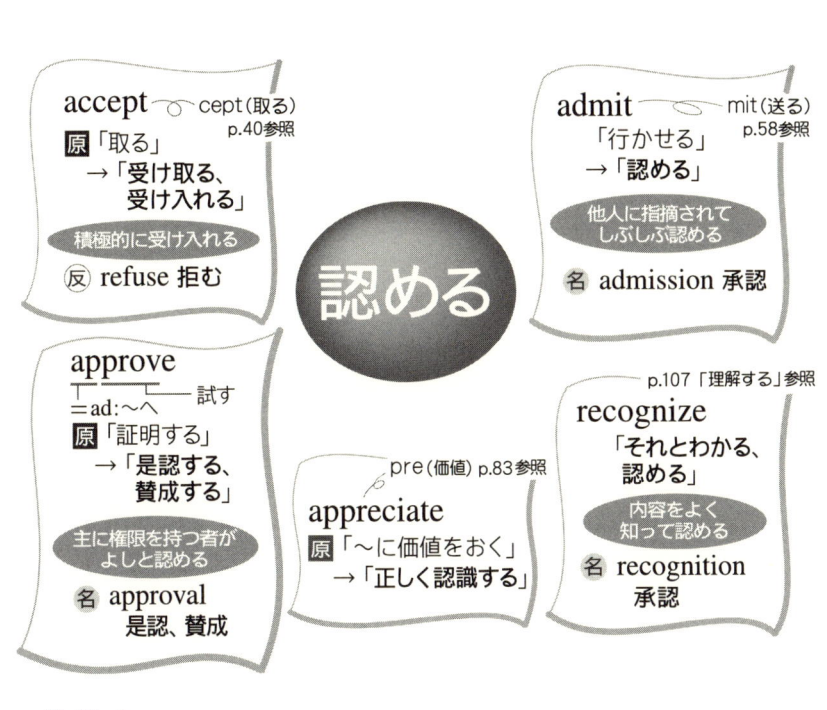

accept — cept（取る） p.40参照
原「取る」
→「受け取る、受け入れる」
積極的に受け入れる
反 refuse 拒む

admit — mit（送る） p.58参照
「行かせる」
→「認める」
他人に指摘されてしぶしぶ認める
名 admission 承認

approve
=ad:～へ ─ 試す
原「証明する」
→「是認する、賛成する」
主に権限を持つ者がよしと認める
名 approval 是認、賛成

appreciate — pre（価値） p.83参照
原「～に価値をおく」
→「正しく認識する」

recognize — p.107「理解する」参照
「それとわかる、認める」
内容をよく知って認める
名 recognition 承認

例文

It is **accepted** as a scientific truth.　それは科学的真理として認められている。

I **admit** that it is not easy.　私はそれが容易ではないことを認める。

Her parents did not **approve** of her marriage.
　彼女の両親は彼女の結婚を認めなかった。

Her boss does not **appreciate** her.　彼女の上司は彼女の良さを認めていない。

◀◀◀

((もう一歩 踏み込んで!))

■probable は prove の形容詞形

approve は prove に ap（=ad：～へ）が付いた形です。**prove** はもともとは「試す、テストする」という意味で、そこから今日の「**証明する**」の意味になりました（p.187「判決・処罰」参照）。名詞形は **proof**（証明）です。

意外な感じがしますが、**probable** は本来 prove の形容詞形で、「証明できる」から「ありそうな」の意味になりました。その副詞形が **probably**（たぶん）です。

10　調べる、さがす

「チェックする」という形で日本語にも入っている check は、もともとはチェス用語の「王手」のことでした。「調べる、チェックする」の意味は「王手をかける」→「阻止する」→「抑制する」→「照らし合わせる」と変遷して生まれたものです。また布地などの「チェック柄」の意味はチェッカー盤の格子模様からきています。

調べる

check
「阻止する」
→「調べる」
　点検する、確かめる

examine
原「天秤の指針」
→「重さを量る」
→「調査する、試験する」
　「調査する」の一般語
　名 examination　試験、調査

survey（p.21「もう一歩踏み込んで」参照）
原「上から見る」
→「見渡す、調査する、調査」
　よく観察し、調べる

investigate
└中へ┘追跡する
原「調査する」
　事件などを組織的に調べる
　名 investigation　調査

explore（「COLUMN」参照）
「調査する、探検する」
　徹底して調べる

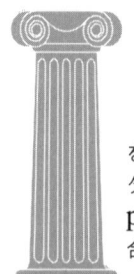

COLUMN　獲物を追い出すのが「エクスプローラ」?

explore は ex（外へ）+ plor（叫ぶ）という構成の語で、「大声を出して獲物を隠れ場所から追い出す」を原義としています。インターネットの検索ソフト Internet Explorer の explorer（explore の派生語で「調査する者」の意味）をこの狩りの様子と重ね合わせてみるのもおもしろいでしょう。

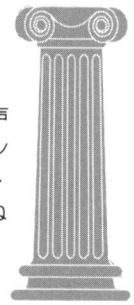

見積もる

weigh
原「重さを量る」
→「よく考える」
比較検討する

measure
原「測る」
→「評価する」
測って判断する

estimate
原「見積もる」

さがす

search
原「ぐるぐる回る」
→「捜す、調査」
注意深く捜索する

seek
原「追跡する」
→「探し求める」
手に入れたいという気持ちに重点

hunt
原「狩りをする」
→「追う、捜す」
くまなく捜す

研究する

research
└強調 └捜す
原「十分に捜す」
→「研究、研究する」

experiment
原「試みる」
→「実験、実験する」

《 もう一歩 踏み込んで! 》

■まぎらわしい experiment と experience

　experiment と **experience**(経験、経験する)はよく似ていてまぎらわしいですが、語源が同じと知れば納得がいくでしょう。共に「試みる」の原義から「経験する」になりましたが、近代の科学の発展と共に experiment に「実験する」の意味が与えられました。**expert** も同語源で、「経験者」から「熟練者」の意味になりました。

11　決める、決着する

「決定する」には decide と determine がありますが、前者は「切る」を、後者は「境を付ける」を原義に含んでいます。decide が「きっぱり決める」ことであるのに対し、determine が「判断して結論を下す」というニュアンスを持つのはそのことに起因しています。意味としては determine の方が強いと言えます。

決める

fix
原「固定する」
→「決める、修理する」
口語でよく使われる
類 repair 修理する
par (準備する) p.72参照

set
原「座らせる」
→「置く、定める」
数量などを設定する。fix より堅い語

decide
離して─切る
原「切り離す」
→「決定する、決心する」
きっぱり決める
名 decision 決定、決心

determine
離して─境を付ける
原「境界で分ける」
→「決定する、決心する」
判断して結論を下す

arrange
原「隊列を組む」
→「整える、取り決める」
名 arrangement 整理、取り決め

例文

I **arranged** with her to have lunch.　私は彼女と昼食を食べることにした。
I **decided** to take a trip to India.　私はインドへ旅行することに決めた。
I **determined** to accept the proposal.　私はその提案を受け入れる決心をした。

もう一歩踏み込んで!

■みずからを切る行為は……

decide の語幹 cid (切る) を含む語に **suicide (自殺)** があります。sui は「自分」という意味で、suicide は「自分を切る」ということになります。

■「終わらせる者」がやってきた!

determine の語幹 term(境を付ける、終える)がそのまま1語になったのが **term**(期間、(定義された)用語)です。形容詞形は **terminal**(終わりの、(病気が)末期の、終点)です。

ちなみに映画『ターミネーター(Terminator)』は「終わらせる者」すなわち「抹殺者」の意味です。

決着する

settle
原「座席」
→「落ち着かせる」
→「定住する、解決する」
名 settlement 入植(地)、解決

conclude
└ 強調 └ 閉じる
原「完全に閉じる」
→「終える、結論を下す」
名 conclusion 結論

solve
原「ゆるめる、とかす」
→「解く、解決する」
名 solution 解決、溶液

■ 例 文

We **concluded** that it was the best.　私たちはそれが最善だという結論を下した。

◀◀◀

結果

result
戻って ── 跳ねる
原「跳ね返る」
→「結果」
反 cause 原因

effect ── fect(作る) p.68参照
原「作り出す」
→「(結果を)もたらす、効果、結果」
「結果」では result と同義
形 effective 効果的な
反 cause 原因

COLUMN

concludeの語幹 clud(閉じる)を含むその他の語

include in(中に)＋clud 「中に閉じる」→「閉じ込める」→「含む」
exclude ex(外に)＋clud 「外に閉じる」→「締め出す、除外する」

第2部　英単語を意味・テーマ別に覚える **125**

12 つなぐ、関係する

tie には「結ぶ」のほかに「同点、引き分け」の意味がありますが、これは「しばり合って動かなくなる」からきたものです。

両者がサービスゲームをキープし合うテニスの試合は互いを「しばり合っている」印象を与えますが、これを「破る」のが tie breaker すなわち「タイブレーカー (タイブレーク)」です。

つなぐ・結合する

tie
原「引く」
→「結ぶ、つなぐ」
「つなぐ」の一般語

bind
原「しばる」
ひもの類でしっかり結ぶ

fasten
原「固い、固く」
→「固定する、締める」
ひも、のり、釘などで固定する

attach
原「しばりつける」
→「取りつける」
小さなものを大きなものに取り付ける

stick
原「突き刺す」
→「留める」
→「貼りつける」
次頁上の「もう一歩踏み込んで」参照

connect
└共に └結ぶ
原「結ぶ」
→「関係付ける」
2つ以上のものを結合する
名 connection つながり

link
原「鎖」
→「(鎖)の輪」
→「連結する」
connectより強いつながり

combine
└共に └2つ
原「結合する」
connectより強い結合
名 combination 結合

unite
原「1つ」
→「結びつける、団結する」
強く結んで一体化させる
名 unity 単一性
派 union 結合、組合

join
原「つなぐ」
→「加わる」
connectとほぼ同義だが、より密接
名 joint 継ぎ目

もう一歩踏み込んで!

■stickの3つの意味

stickには原義の「突き刺す」と、後から生まれた「貼りつける、くっつく」の2つの意味があり、どちらであるかは文脈で判断するしかありません。sticker（ステッカー）は「貼りつけるもの」からきています。「棒」のstickは一般に別の語として扱われますが、「突き刺すもの」→「棒」と変化したもので、同語源です。

---

associate
- as-soci-ate
- ＝ad:〜へ ／ 仲間
- 原「仲間になる」
  - →「交際する、関連させる、連想する」
- 名 association
  - 交際、連想、協会

relate
- re-late
- 戻って／運ぶ
- 原「持ち帰る」
  - →「物語る」
  - →「関係付ける」
- 名 relation 関係
  - relationship 関係
- 形 relative
  - 関係のある、親戚

（下の「もう一歩踏み込んで」参照）

concern
- con-cern
- 共に／ふるいにかける
- 原「ふるいの中で混ぜる」
  - →「関係する」
  - →「心配させる、関心事」

contact
- con-tact
- 強調／触れる
- 原「触れる」
  - →「接触、関係」

中央：**関係する**

■例文

I don't want to **associate** with him.　私は彼と交際したくない。
He is **concerned** in the affair.　彼はその問題に関係している。

もう一歩踏み込んで!

■relationとrelationshipの「関係」は？

relationとrelationshipは共に「関係」を意味しますが、relationは一般的な関係について、relationshipは特に密接な人間関係について用います。

relation between smoking and cancer：喫煙と癌の関係
a good family **relationship**：良好な家族関係

13 行動する

　action（行動）は act（行動する）の名詞形ですが、act 自体にも名詞としての意味があります。この2つはほとんど区別なく使われますが、act は単一の行為を、action はある期間にわたる行動を表す場合があります。
　また activity は「ある目的のために繰り返される action」すなわち「活動」を意味します。

act
原「行う」
→「行為」
- 名 action 行動
- 名 activity 活動
- 形 active 活動的な

p.169「活動的な」参照

behave
完全に ─ 保つ
原「姿勢を保つ」
→「ふるまう」
- 名 behavior ふるまい

行動する

conduct
duc(導く) p.76参照
原「共に導く」
→「導く、指揮する」
→「行う、行い」

特に道徳的な観点からの行動

perform
強調、完全に ─ 供給する
原「完全に供給する」
→「成し遂げる、行う、演じる」
- 名 performance 遂行、上演

practice
p.194「もう一歩踏み込んで」参照
原「行う」
→「実行する、実行、練習する、練習」

実際に行動することに重点

- 形 practical 実際的な　p.149「本当の・実際の」参照
- 反 theory 理論

例文

an **act** of kindness：親切な行為　　take **action**：行動を取る
He **behaved** rudely to her. 彼は彼女に無作法に接した。
She is a girl of good **conduct**. 彼女は品行の良い娘だ。
He put his theory into **practice**. 彼は自分の理論を実行に移した。
I have **performed** my duty. 自分の義務を果たした。

14　試みる、競う

　tryの原義は「選り分ける」で、そこからまず「審理する、裁判する」の意味が生まれ、次いで「試みる」の意味が派生しました。前者の意味が今日も残っていることを辞書で確認しておきましょう（名詞形trialでは「裁判」は重要な意味の1つ）。
　tryはattemptより高い成功の可能性を示します。

試みる

try
原「選り分ける」
→「審理する」
→「試みる、努める」
名 trial
　試み、試練、裁判
p.187「裁判」参照

attempt
= ad:〜へ ─ 試みる
原「試みる、試み」
tryより堅い語。しばしば試みが失敗に終わることを暗示

challenge
原「中傷する」
→「挑む、挑戦」

例文

He **attempted** to cross the river.　彼はその川を渡ろうと試みた。

競う

compete
└共に └求める
原「共に求める」
→「競う」
名 competition
　競争、競技会

contest
└強調 └証言する
原「証言する」
→「異議を唱える」
→「争う、競争、コンテスト」

match
原「配偶者」
→「好敵手」
→「匹敵する、試合」
（「マッチ棒」のmatchは別語源）

第2部　英単語を意味・テーマ別に覚える

15　驚く、恐れる、心配する

「驚かす」を意味する英単語には surprise、amaze、astonish などがありますが、それぞれが特徴的な語源を持っています。

もっとも一般的な surprise の当初の意味は「奇襲する」で、今日でも surprise party（不意打ちパーティー）などの形で用いられます。

amaze の原義は「混乱させる」、astonish の原義はそのものずばりの「雷で打つ」です。

---

surprise
越えて ― 捕える
原「越えて捕える」
→「奇襲する」
→「驚かす、驚き」

amaze
強調 ― 混乱
原「混乱させる」
→「仰天させる」
surpriseより強い驚き

astonish
原「雷で打つ」
→「ひどく驚かす」
amazeよりさらに強い驚き

shock
原「揺さぶる」
→「衝撃、ショック、ショックを与える」

wonder　p.109「思う」参照
原「驚くべきこと」
→「驚き、不思議、驚く、〜かしらと思う」
主にすばらしさに驚く

形 **wonderful**
すばらしい　p.145
「非常に良い」参照

中央：驚かす　驚き

例 文

He **surprised** her with an expensive ring.　彼は高価な指輪で彼女を驚かせた。
I was **amazed** by his boldness.　私は彼の大胆さに驚いた。
I was **astonished** to find him in the dark.
　私は暗がりに彼を見つけてあっと驚いた。
They **wondered** at his learning.　彼らは彼の学識に驚いた。

恐れる / 恐れ

fear
原「危険」
→「恐怖、恐れる」
- afraidより堅い語
- 形 fearful 恐ろしい

afraid
原「おびえさせる」
→「恐れて」

scare
原「臆病な」
→「おびえさせる」
- frightenより口語的

frighten
原「恐れ」
→「怖がらせる」
- 驚かせ、同時に怖がらせる
- 形 frightened おびえている

terror
原「怖がらせる」
→「恐怖」
- fearより激しい恐怖
- 形 terrible 恐ろしい、ひどい

p.147「ひどく悪い」参照

horror
原「髪の毛が逆立つ」
→「恐怖」
- ぞっとするような恐怖
- 形 horrible 実に恐ろしい

((もう一歩 踏み込んで!))

■「テロ」はterrorから

「テロ」は「テロリズム（terrorism）」を略した和製語です。
terrorismはterrorの派生語で、もともとはフランス革命の際に反対派を次々にギロチンにかけていったジャコバン党の恐怖政治を指していました。今日の意味は「革命などを遂行するため、相手に恐怖を与えるような手段に訴えること」です。

脅す

threaten
原「悩ます」
→「脅す」
名 threat 脅し、脅威

■ 例文

They **threatened** her with a gun. 彼らは銃で彼女を脅した。

第2部　英単語を意味・テーマ別に覚える

心配する

anxious
原「締めつける」
→「心配して、切望して」
名 anxiety 心配

worry
原「窒息させる」
→「悩ませる、心配させる、心配する」

例文

I'm **anxious** about his health. 彼の健康を心配している。

疑う

doubt
原「判断に迷う」
→「疑う、疑い」
形 doubtful 疑っている

suspect — spect(見る) p.22参照
原「下から見る」
→「疑いの目で見る」
→「疑う」
名 suspicion 疑い

もう一歩踏み込んで!

■ suspect イコール think

doubt と suspect は同じ「疑う」を意味しますが、suspect that～が「～だと疑う」であるのに対し、doubt that～ は「～ではないと疑う」の意味になるので注意が必要です。

I suspect (that) he was on the spot. 彼は現場にいたと私は疑う。
I doubt (that) he was on the spot. 彼は現場にいなかったと私は疑う。

簡単には「**suspect イコール think。doubt はその逆**」と覚えておくとよいでしょう。

後悔する

regret
強調 ─ 泣く
原「泣く」
→「悲しむ」
→「**後悔する、後悔**」

例文

I **regret** not having proposed to her.
私は彼女に求婚しなかったことを後悔している。

132

乱す

trouble
原「乱す」
→「悩ます、面倒、心配」
形 troublesome 面倒な

disturb
└強調┘かき乱す
原「かき乱す、じゃまする、不安にさせる」

annoy
原「嫌がらせる」
→「いらいらさせる、悩ます」
一時的にいらだたせる

例文

He is **troubled** with his debt. 彼は借金のことで悩んでいる。

困惑させる

confuse
└共に┘注ぐ
原「共に注ぐ」
→「混同する、困惑させる」
名 confusion 混乱

embarrass
└中に┘障害物
原「邪魔する」
→「まごつかせる」
恥ずかしい思いをさせる

upset
「ひっくり返す」
→「うろたえさせる、動揺させる」
confuseより意味が強い

例文

He was **confused** with the explanation. 彼はその説明にとまどった。

COLUMN

embarrassの中にはbarが入っている

embarrass を構成する bar（障害物、棒）はそのまま **bar**（棒）という英単語になっています。また、カウンターの横木から「酒場」の意味も生まれました。

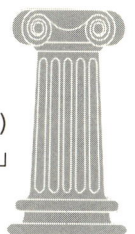

16　壊す、害する

break（壊す）には名詞としてもさまざまな意味があります。coffee break（コーヒー・ブレーク）でおなじみの「休憩」をはじめ、「歌手がブレークする」という言い方のもとになっている「幸運、チャンス」、テニスで相手のサービスゲームを破る「ブレーク」などです。

Give me a break. というおもしろい口語表現は、文字通りには「私にチャンスをくれ」ですが、一般には「ちょっと待った」、「勘弁してくれよ」の意味に使われます。

---

break
原「壊す、割る、折る」

tear
原「引き裂く」
（「涙」の tear は別語源）

― str（積み上げる）p.71 参照
destroy
原「積み上げた ものをくずす」
→「破壊する」
名 destruction
　　破壊

spoil
原「戦利品」
→「衣服を はぎ取る」
→「台無しにする、 甘やかす」

ruin
原「崩壊する」
→「破滅させる、 破滅、廃墟」

中央：**壊す 損なう**

■ 例 文

break glass：ガラスを割る　　**break** a leg：足の骨を折る
She **tore** the ticket in two. 彼女はその切符を2つに裂いた。
The earthquake **destroyed** the building. 地震がその建物を倒壊させた。
The man **ruined** her life. その男が彼女の人生をめちゃくちゃにした。
The rain **spoiled** the event. 雨がその行事を台無しにした。

害する

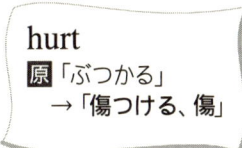

hurt
原「ぶつかる」
→「傷つける、傷」

injure
否定┬正義
原「不正」
→「不正に扱う」
→「傷つける」
名 injury 傷害

wound
原「傷」
→「傷つける」

harm
原「悲しみ、苦痛」
→「害、損害、害する」
人や物に加えられた害。程度としては軽い
形 harmful 有害な　p.147「悪い」参照

damage
原「損害」
→「損害を与える」
物に加えられた損害

例文

It will do great **harm** to us.　それは私たちに大きな害を与えるだろう。
＊ *do harm*　害を与える

They suffered serious **damage** from the flood.
彼らはその洪水で大損害をこうむった。

((もう一歩 踏み込んで!))

■「傷つける」にもいろいろあって……

hurt、injure、wound の違いはなかなか微妙です。
hurt と injure は共に事故や言葉などによって偶然に傷つくことを意味しますが、hurt が傷による苦痛に重点を置く一方、injure は傷によって機能や価値が損なわれることに重点を置きます。

He fell down and **hurt** himself.　彼は転んでけがをした。
（痛い思いをしたことに重点。傷自体は軽い）

He **injured** his arm in the accident.　彼はその事故で腕にけがをした。
（傷ついたことに重点）

この2つに対し、wound は弾丸や刃物（または言葉）によって意図的に傷つけられることを意味します。

The soldier was **wounded** in the battle.　その兵士はその戦闘で負傷した。

17　嫌う、非難する

ignorance は i (=in:否定) + gnor (知る) という構成の語で、「無知」を意味します。形容詞形 ignorant も「知らない」です。ところが、なぜか動詞形 ignore だけは「(知っているのに)知らないふりをする、無視する」の意味に変わりました。そこに人の心の複雑さが反映されてはいないでしょうか？

避ける 無視する

ignore
原「知らない」
→「無視する」
名 ignorance 無知
形 ignorant 知らない、無学の

avoid
原「空(から)にする」
→「取り消す」
→「避ける」

neglect lect(選ぶ) p.74参照
原「選ばない」
→「おろそかにする、怠る、怠慢」

例文

I spoke to her, but she **ignored** me.　彼女に話しかけたが、彼女は私を無視した。

◀◀◀

嫌う

dislike
└反対 └好き
原「嫌う、嫌い」
not likeより意味が強い

disgust
└反対 └味わう
原「まずい」
→「嫌悪、反感、むかつかせる」
もっとも激しい嫌悪

hate
原「憎む、ひどく嫌う」
dislikeより意味が強い
名 hatred 憎しみ

非難する

blame
- 原「悪口を言う」
- →「非難する、とがめる、責任」
- 「非難する」の一般語

accuse
- ac‑ =ad:〜へ / ‑cuse 弁明
- 原「弁明を求める」
- →「非難する、告発する」
- blameより意味が強い

scold
- 原「詩人」
- →「口やかましい人」
- →「しかる」
- 教師や親が子どもをしかる
- （詩人がしばしば風刺的な詩を書いたことに由来）

criticize
- 原「見分ける」
- →「批評する、非難する」
- 「あらさがしをする」というニュアンス
- 名 criticism 批評
- 形 critical 批評の
- 者 critic 批評家

もう一歩 踏み込んで！

■境界線上にあるのが critical

criticize の形容詞形 critical には「批評の」のほかに「危機の」の意味があります（p.193「危機」crisis 参照）が、これはこの語の原義の「見分ける、（境界にあるものを）分ける」からきています。He is in a critical condition.（彼は重体だ）は、彼が生死の境界線上にあるということです。

拒む

deny
- de‑ 強調 / ‑ny 否定する
- 原「否定する、与えない」

forbid
- for‑ 禁じて / ‑bid 命じる
- 原「禁じる」

refuse
- 原「ノーと言う」
- →「断る、拒む」
- 頼まれたことをはっきり断る
- 名 refusal 拒絶

第2部　英単語を意味・テーマ別に覚える

18　戦う、守る

　defeat は奇妙な語です。動詞としては「打ち負かす、破る」を意味する一方、名詞としては正反対の「敗北」を意味するのです。
　「負かす」「破る」という動詞のネガティブな響きに引きずられ、名詞の意味も否定的になったのかもしれません。「負かす」ことはすなわち「負かされる」こと？

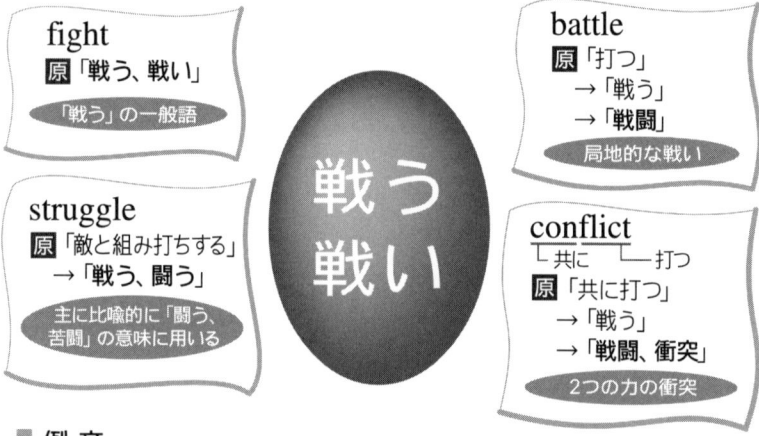

---

fight
原「戦う、戦い」
「戦う」の一般語

battle
原「打つ」
　→「戦う」
　→「戦闘」
局地的な戦い

struggle
原「敵と組み打ちする」
　→「戦う、闘う」
主に比喩的に「闘う、苦闘」の意味に用いる

conflict
　　共に　　打つ
原「共に打つ」
　→「戦う」
　→「戦闘、衝突」
2つの力の衝突

【戦う・戦い】

例 文

They are **struggling** for freedom.　彼らは自由を求めて闘っている。
an armed **conflict** between the two nations：2国間の武力衝突

---

defeat
原「壊す」
　→「打ち負かす」
　→「敗北」
「打ち負かす」の一般語

beat　p.140「打つ」参照
原「(繰り返し)打つ」
　→「打ち負かす」
defeatよりもくだけた語

【打ち負かす】

例 文

defeat an enemy：敵を打ち負かす　　suffer a **defeat**：敗北する

defend
離して⌐打つ
原「打って離す」
→「守る」
  撃退する
名 defense
(defence)
防御

守る

p.54「COLUMN」参照
protect
原「前を覆う」
→「保護する」
名 protection
保護

guard
原「見張る」
→「警護する、守衛」

■ 例 文

They **defended** the city against the enemy.　彼らはその市を敵から守った。
The CD is **protected** by copyright.　そのCDは著作権で保護されている。

COLUMN　この剛速球を受けてみろ!

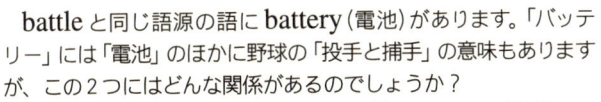

　battleと同じ語源の語にbattery（電池）があります。「バッテリー」には「電池」のほかに野球の「投手と捕手」の意味もありますが、この2つにはどんな関係があるのでしょうか?

　batteryの意味は原義の「打つ」から「乱打する」→「砲撃」→「砲列」と変化しました。そして18世紀、有名なベンジャミン・フランクリンがこの語を「電池」の意味に使い始めましたが、それは初期の物々しい電池（鉛の薄板を張った大きなガラス板がズラリと並んだものだったという）を砲列に見立てたものです。

　一方、野球のbatteryはピッチャーの投球を砲弾になぞらえたもので、もともとはピッチャーだけを指していました。

　ちなみにニューヨークのマンハッタン島の最南端にBattery Parkという公園があります（そこから自由の女神像観光のフェリーが出ている）が、このBatteryは本来の「砲台」の意味です。

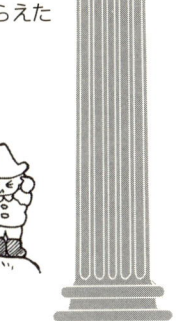

第2部　英単語を意味・テーマ別に覚える

19 打つ、撃つ

「打つ」に相当する英単語のうち、hit と strike は 1 回打つことを、beat は繰り返し打つことを意味します。beat には「打ち負かす」の意味もありますが、これは繰り返し打ってはじめて相手を倒せることからきています。

一方 knock は「1 回打つ」「数回打つ」のどちらの場合にも使われ、しかも「ノックする、軽くたたく」と「強打する」の両方の意味があります。ボクシングの knockout（ノックアウト）は後者の例です。

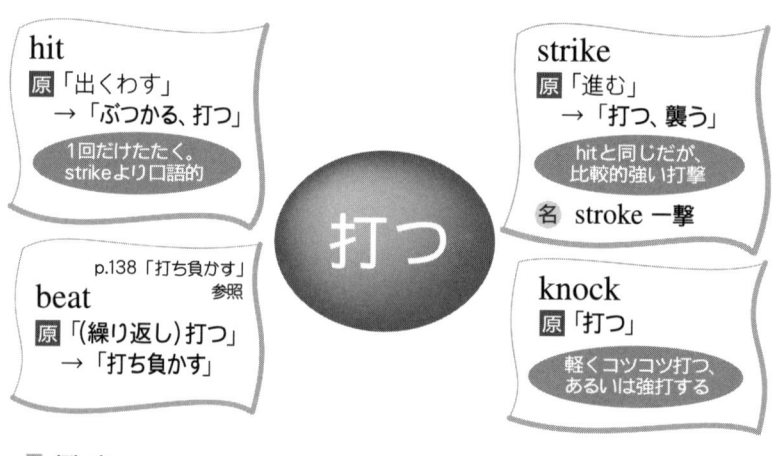

hit
原「出くわす」
→「ぶつかる、打つ」

1回だけたたく。strikeより口語的

strike
原「進む」
→「打つ、襲う」

hitと同じだが、比較的強い打撃

名 stroke 一撃

beat
p.138「打ち負かす」参照
原「(繰り返し)打つ」
→「打ち負かす」

knock
原「打つ」

軽くコツコツ打つ、あるいは強打する

打つ

例文

He **struck** me on the head. 彼は私の頭を殴った。

beat a drum：太鼓をたたく　　My heart is **beating** fast. 心臓がドキドキしている。

knock on(at) the door：ドアをたたく　　**knock** against 〜：〜にぶつかる

shoot
原「強く投げる、射る」
→「(銃を)撃つ」
名 shot 発射

撃つ

20 似る、比べる

「似る」という表現には look like ～（外見が似る）、be like ～（性格などが似る）、take after ～（子が親に似る）などがありますが、1語でこれらの意味を兼ね備えたのが resemble です。ただし resemble はやや堅い語です。

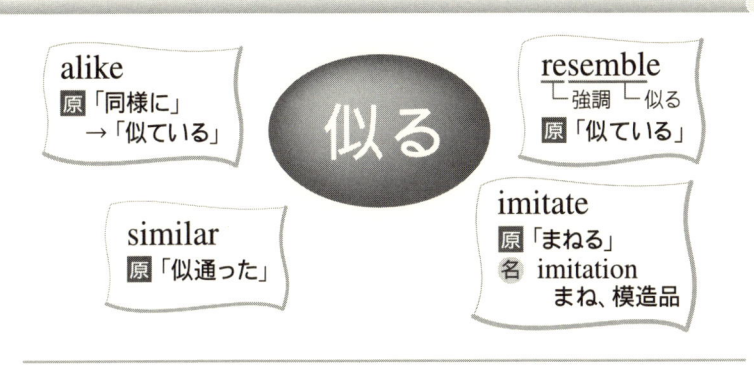

似る

alike
原「同様に」
→「似ている」

resemble
└強調 └似る
原「似ている」

similar
原「似通った」

imitate
原「まねる」
名 imitation
　まね、模造品

比べる

compare
└共に └等しい
原「共に等しい」
→「～にたとえる」
→「比較する」
名 comparison 比較

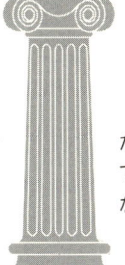

COLUMN アンパイアは「同等でない者」

compare の語幹 par（等しい）を含む語に **pair**（対）や umpire があります。**umpire** は non（否定）+ par がなまった語で、「同等でない者」から「仲裁に呼ばれる第三者」を経て「**審判**」の意味になりました。

ちなみに **par**（パー）はゴルフではおなじみの語です。

21　大きい、小さい

　bigとlargeは共に「大きい」という意味ですが、そのニュアンスにはかなり隔たりがあります。かつて「広い」を意味していたlargeは、広さ、長さ、高さが大きいことを示します（たとえばa large manは「背の高い、肩幅の広い人」）。一方bigは重さや体積が大きいことを示し、a big manは「大きく、太った人」を意味します。a big manは「偉い人」を意味することもありますが、これには「強い」というbigの原義が生きています。
　ちなみにlargeの原義である「自由な」はat large（捕まっていない）という成句に残っています。

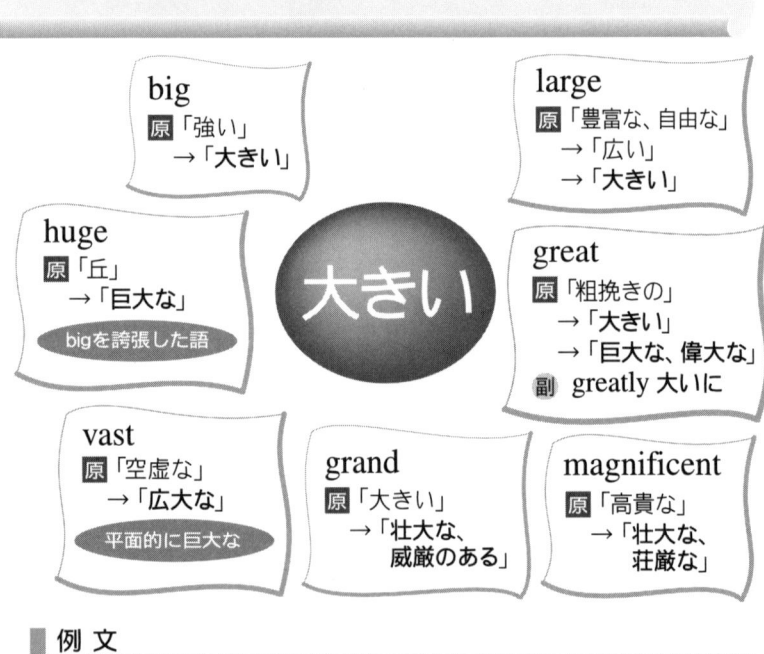

big
原「強い」
→「**大きい**」

large
原「豊富な、自由な」
→「広い」
→「**大きい**」

huge
原「丘」
→「**巨大な**」
bigを誇張した語

大きい

great
原「粗挽きの」
→「大きい」
→「**巨大な、偉大な**」
副 greatly 大いに

vast
原「空虚な」
→「**広大な**」
平面的に巨大な

grand
原「大きい」
→「**壮大な、威厳のある**」

magnificent
原「高貴な」
→「**壮大な、荘厳な**」

例 文

a **great** rock：巨岩　　a **great** distance：遠距離
a **huge** ship：巨大な船　　a **huge** sum of money：巨額の金
a **vast** plain：広い平野　　the **vast** universe：広大な宇宙
a **grand** view：雄大な眺め　　a **grand** old man：堂々たる老人

小さい

little 原「折り曲げる」→「小さい」
小さくてかわいい

small 原「細い、狭い」→「小さい」
(客観的に)小さい

tiny 原「ごく小さい」

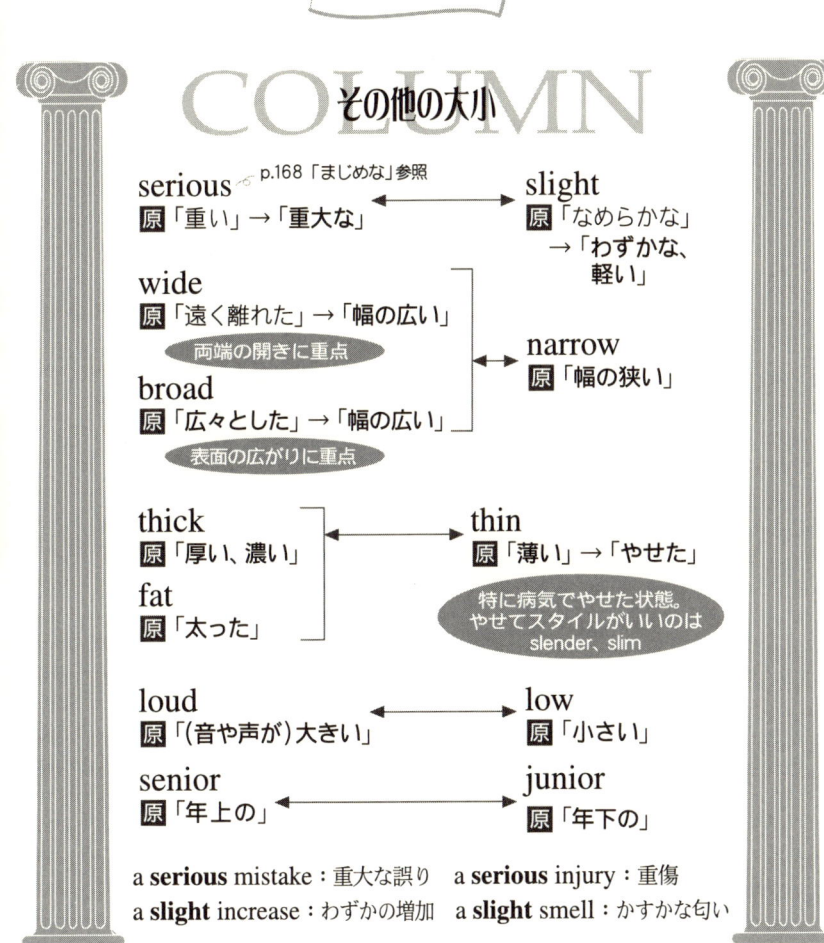

COLUMN その他の大小

serious p.168「まじめな」参照
原「重い」→「重大な」 ↔ **slight** 原「なめらかな」→「わずかな、軽い」

wide 原「遠く離れた」→「幅の広い」
両端の開きに重点

broad 原「広々とした」→「幅の広い」
表面の広がりに重点

↔ **narrow** 原「幅の狭い」

thick 原「厚い、濃い」 ↔ **thin** 原「薄い」→「やせた」

fat 原「太った」

特に病気でやせた状態。やせてスタイルがいいのは slender、slim

loud 原「(音や声が)大きい」 ↔ **low** 原「小さい」

senior 原「年上の」 ↔ **junior** 原「年下の」

a **serious** mistake：重大な誤り　a **serious** injury：重傷
a **slight** increase：わずかの増加　a **slight** smell：かすかな匂い

22 良い、悪い

good と nice は共に「良い」を意味しますが、両者の間には微妙な違いがあります。good が積極的に「良い」と評価する語であるのに対し、nice はしばしば意味が軽かったりあいまいだったりする語で、書き言葉には用いない方が良いとされています（nice の意味の変遷については次頁の「COLUMN」を参照）。

良い

good
原「適当な」
→「良い、すぐれた」

nice
「良い、すてきな」
goodよりも意味があいまい

fine — fin（終える） p.38参照
原「終える」
→「立派な、元気な」

fair
原「美しい」
→「まずまずの、公平な」
副 fairly
かなり、公平に

superior
原「上(super)の」
→「よりすぐれた」
反 inferior
より劣った

例文

This machine is **superior** to that one. この機械はあれより優れている。

((もう一歩 踏み込んで!))

■good より格下の fair

アメリカの学校では、成績の「優」に excellent、「良」に good、「可」に fair を用います。また天気予報では「快晴」が clear、「晴」が fair です。これらは「良い」という意味での fair の位置を示しています。

非常に良い

wonderful
p.130「驚かす・驚き」wonder参照
原「驚くべき」
→「すばらしい」

excellent
└ 外へ ─ 上がる ┘
原「突き出る」
→「非常にすぐれた」

marvelous
└ 驚き ─ 形容詞語尾 ┘
原「驚くべき」
→「すばらしい」
「すばらしい」は主に女性が用いる

splendid
原「輝く」
→「壮麗な」
→「すばらしい」
輝くほどすばらしい

例文

excellent food：すばらしい食べ物　　**excellent** health：上々の健康

▶▶▶

おいしい

good
「良い」
→「おいしい」

delicious
p.162「うれしい」delighted 参照
＊delightの形容詞の1つ
原「実に楽しい」
→「とてもおいしい」

tasty
＊taste(味)の形容詞形
「おいしい」
味覚を楽しませてくれる

COLUMN
愚か者がすてきな人になるまで

nice は意味が著しく変化した語として知られています。原義は「無知の」で、そこから →「愚かな」→「気ままな」→「凝った趣味の」→「微妙な」→「おいしい」→「すてきな」と変遷しました。意味が少しずつ良い方向に変わっていったのがわかるでしょう。

第2部　英単語を意味・テーマ別に覚える　**145**

幸運な

lucky
原「幸運な」
名 luck 幸運

fortunate
原「偶然の」
→「幸運な」
luckyよりも永続的で重大
名 fortune 運、幸運、財産
副 fortunately 幸運にも

p.177「富」参照

好都合な

favorable
好意 / 〜しやすい
「好意的な」
→「都合のよい、有利な」
有利さを強調

convenient — vent(来る) p.12参照
原「共に来る」
→「都合のよい、便利な」
便利さを強調

例文

a **favorable** wind 順風　　soil **favorable** to carrot ニンジンに適した土壌

利益

profit
前方へ / 行う
原「前進する」
→「役立つ」
→「利益、利益を得る」
主に金銭的な利益
反 loss 損失

benefit
善い / 行う
原「善い行い」
→「親切」
→「利益、恩恵」
物質的あるいは精神的な利益

advantage
前に / 名詞語尾
原「前にあること」
→「有利、利益」
主として物質的な利益、他と競って得たもの
反 disadvantage 不利、不利益

例文

He made a large **profit** on it. 彼はそれで大もうけした。

bad
原「めめしい男」
→「質の劣った」
→「悪い」

悪い

wrong p.151「まちがった」参照
原「曲がった」
→「悪い、まちがった」
道徳的に正しくない、あるいは調子が悪い

evil
原「限度を超えた」
→「邪悪な、悪」
bad や wrong より意味が強い

foul
原「腐った」
→「不潔な、不正な、反則」

harmful p.135「害する」harm 参照
害 ～しがちの
「有害な」

例文

It is **wrong** to tell a lie. 嘘をつくのは悪いことだ。
evil thoughts：邪念　　**evil** deeds：非行
a **foul** smell：悪臭　　a **foul** murder：非道な殺人

◀◀◀

awful
┬┴─多い
＝awe：畏れ
「畏れ(awe)＋ful」
→「恐ろしい、ひどい」

ひどく悪い

terrible p.131「恐れる・恐れ」terror 参照
＊terror(恐怖)の形容詞形
原「恐ろしい、ひどい」
副 terribly ひどく

例文

What **awful** weather! 何というひどい天気だ！
a **terrible** accident：恐ろしい事故　　**terrible** coffee：ひどいコーヒー

◀◀◀

《《 もう一歩 踏み込んで！ 》》

■意味が逆転した terrific

terrible と同じ terror の形容詞形に **terrific** という語があります。こちらも本来は「恐ろしい」という意味でしたが、今日ではもっぱら口語で「**すごいい、すてきな**」という意味に使われます。

You look **terrific** in the dress. そのドレスを着たあなたはとてもすてきだ。

第2部　英単語を意味・テーマ別に覚える **147**

23　正しい、まちがった

　rightの「右、右の」の意味は、「正しい」から「強い」→「右手の」を経て生まれたものです。これはleft（左）の原義が「弱い」であるのと対応していますが、左利きの人にとってはまったく納得のいかないいきさつですね。
　ちなみにこの語の「右派、保守派」の意味は、18世紀のフランスの議会で貴族が議長の右側に座った習慣からきました。

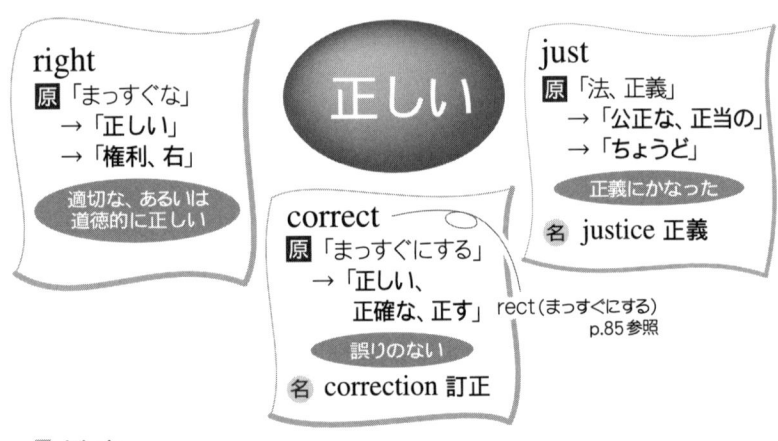

正しい

right
原「まっすぐな」
→「正しい」
→「権利、右」

　適切な、あるいは道徳的に正しい

just
原「法、正義」
→「公正な、正当の」
→「ちょうど」

　正義にかなった

名 justice 正義

correct
原「まっすぐにする」
→「正しい、正確な、正す」　rect（まっすぐにする）p.85参照

　誤りのない

名 correction 訂正

例文

the **right** person：うってつけの人　　a **correct** answer：正しい答え
a **just** decision：公平な決定　　a **just** claim：正当な要求

もう一歩踏み込んで！

■judgeは正しいことを言う人

　justの「ちょうど」の意味は「正しい」から「ぴったりの」を経て生まれたものです。
　ちなみに**judge**はjustの語幹であるjus（正義）とdic（＝dict：言う）（p.24参照）が結びつき、縮まった語で、「正しいことを言う人」から**「裁判官、裁判する、判断する」**の意味になりました（p.187「裁判」参照）。

正確な

exact
原「駆り出す」
→「要求する」
→「正確な、厳密な」
厳密に正確な
副 exactly 正確に

accurate
cur(注意) p.78参照
原「〜に注意を向ける」
→「正確な」
正確を期する注意深さを強調

precise
前を 切る
原「切り整える」
→「正確な、きちょうめんな」
細部に至るまで正確な

例文
the **exact** time：正確な時刻　　her **exact** words：彼女の言った通りのこと
He is very **accurate** in his observation. 彼は非常に正確に観察する。
precise calculations：厳密な計算　　a **precise** man：きちょうめんな男

◀◀◀

本当の 実際の

true
原「ゆるぎのない」
→「真実の、本当の」
偽りのない
名 truth 真実、真理
副 truly 本当に

real
原「現実の」
→「本当の、真の」
見かけではなく、本当の
名 reality 現実、事実
副 really 実は、まったく

actual
p.128「行動する」参照
＊act(行う)の形容詞形
「実際の」
実際に存在する
副 actually 実際に

practical
p.128「行動する」practice 参照
「実際的な、実用的な」
理論ではなく、実際問題としての
名 practice 実行、練習

例文
a **true** story：本当にあった話　　**true** love：真実の愛
What is his **real** purpose？　彼の本当の目的は何だ？

◀◀◀

きちんとした

neat「きちんとした」
整然として清潔な

tidy
原「時を得た」
→「きちんとした」
整然とした

例文

a **neat** room：片付いて清潔な部屋　　her **neat** dress：彼女のこざっぱりした服
a **tidy** room：きちんと整頓された部屋　　a **tidy** person：身ぎれいにしている人

適切な

fit
原「適当な」
→「ぴったりの、合う」
意味の広い一般語

suitable
合う ～しやすい
「適した」
周囲の状況に適合した

fit, suitable, proper, appropriate は区別なく用いられることも多い

proper
原「個人のもの」
→「本来の」
→「適当な、正しい」
正しさを強調

appropriate
個人の
＝ad:〜へ
原「個人のものへ」
→「ふさわしい、適した」
社会通念上好ましい

reasonable
「理(reason)にかなった」
→「穏当な」
価格などが妥当な

例文

food **fit** for a dog：犬向きの食べ物　　a **fit** time and place：適当な時と場所
a person **suitable** for the job：その仕事にふさわしい人
a **proper** way of studying English：正しい英語学習法
a speech **appropriate** to the occasion：その場にふさわしい演説
a **reasonable** price：妥当な価格　　a **reasonable** size：手ごろな大きさ

まちがった

wrong p.147「悪い」参照
「悪い、まちがった」
道徳的に正しくない、調子が悪い、誤っている

false
原「欺く」
→「偽りの、誤った」
「誤った」の意味でも、他人を欺く意図が暗示される

例文

a **false** alarm：誤り(にせ)の警報　　a **false** impression：誤った印象

誤り

error
原「さまよう」
→「誤り」
主に基準からの逸脱。時に非難が込められる

mistake
└誤って └取る
原「誤って取る」
→「まちがい、まちがえる」
主に不注意によるまちがい。通常非難は込められない

miss
原「打ちそこなう」
→「～しそこなう」

fault
「欠点、誤り」
→「責任」

例文

an **error** of judgment：判断の誤り　　grammatical **errors**：文法上の誤り
All men make **mistakes**. 誰にでもまちがいはある。

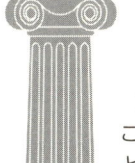

COLUMN　missの「いなくて寂しい」

miss には「～がいなくて寂しく思う」という意味もありますが、これは「打ちそこなう」→「手に入れそこなう」→「～なしで済ます」と変遷して生まれたものです。

ちなみに独身女性の名前の前に付ける miss は mistress（女主人）の略で、まったく別の語です。

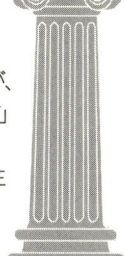

第2部　英単語を意味・テーマ別に覚える

24 明らかな、確かな

apparent は一筋縄ではいかない語です。この語は It is apparent 〜 という構文では「明らかな」の意味に使われますが、限定的に用いる場合は主に「見かけの」という意味になり、実際は違うことを暗示します（たとえば his apparent honesty は「彼のうわべの正直さ」）。

その副詞形 apparently（頻出語！）は、apparent のような反語的な含みはなく、まずまず肯定的な —— けれども確信の持てない —— 「見たところは、どうやら」という意味に使われます。今日では「明らかに」の意味に使われることはほとんどありません。

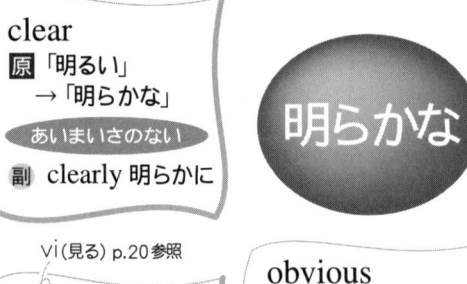

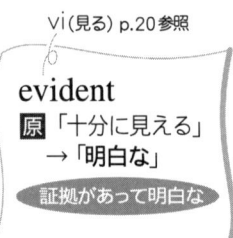

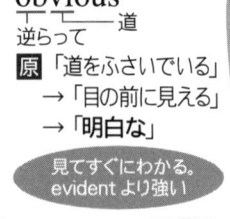

clear
原「明るい」
→「明らかな」
あいまいさのない
副 clearly 明らかに

plain
原「平らな」
→「明白な、わかりやすい」
まぎれもない

明らかな

vi（見る）p.20参照
evident
原「十分に見える」
→「明白な」
証拠があって明白な

obvious
ob（逆らって）＋via（道）
原「道をふさいでいる」
→「目の前に見える」
→「明白な」
見てすぐにわかる。evident より強い

apparent
＊appear（現れる）の形容詞形
→「明白な、見かけの」
副 apparently 見たところ

例 文

He made it **clear** that he owned it. 彼はそれを持っていることを明らかにした。
It is **evident** that you are right. あなたが正しいのは明白だ。
It is **obvious** that they love each other. ２人が愛し合っているのは明らかだ。
He has **apparently** forgotten it. どうやら彼はそれを忘れたようだ。

確かな

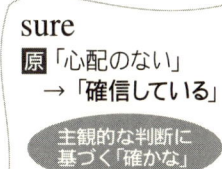

sure
原「心配のない」
→「確信している」
- 主観的な判断に基づく「確かな」
- 副 surely 確かに

certain
原「区別された」
→「確かな」
- sureより客観的で意味が強い
- 副 certainly 確かに

confident
p.110「信じる」confidence 参照
原「完全に信頼する」
→「確信のある」
- sureを強調した語

positive
posit(置く) p.48参照
「確信している」
- confidentよりさらに強い語

例文

I was **certain** that she would come. 私は彼女が来ると確信していた。
Are you **positive** that it was Tom? それはトムだったという確信があるか?

◀◀◀

明確な

reliable
=rely:頼る ～できる
原「頼りになる」
→「確実な」

distinct
原「区別された」
→「明瞭な」
- 区別を強調
- 名 distinction 区別
- 動 distinguish 区別する

definite
fin(終える) p.38 参照
原「完全に終える」
→「明確な」
名 definition 定義

例文

Give me a **definite** answer. はっきりと答えてくれ。

◀◀◀

確かめる

confirm
強調 固い
原「強く固める」
→「確かめる」

第2部　英単語を意味・テーマ別に覚える

25　全体の、完全な

　allとwholeの違いを見極めるのは容易ではありません。whole は「まとまった全体」を、all は「まとまっている、いないにかかわらず全部」を指しますので、the whole class は「そのクラス全体」、all the class は「クラスを構成する全員」、all the classes は「(複数ある)クラスのすべて」の意味になります。

　また whole は、「まとまった1個」という性質上、単数形の名詞しか修飾できません。つまり「全メンバー」は the whole members とはできず、all (of) the members あるいは the whole of the members としなければなりません。

全体の

all
原「全部の、まったく」

whole
原「健全な」
→「全体の、完全な、全体」
まとまった、あるいは欠けるところのない
副 wholly 完全に

entire
原「全体の、完全な」
wholeと同義だが、より意味が強い
副 entirely 完全に

total
原「全体の」
→「完全な、合計」
個々の合計としての全体

例文

the **whole** truth：(欠けるところのない)真相
all the truth：(さまざまな部分からなる)真実すべて
an **entire** day：まる1日　　the **entire** family：家族全員
the **total** amount：総額、総量　　the **total** population：総人口

完全な

complete
強調 / 満たす
原「十分に満たす」
→「完全な、完成する」

部分がすべてそろっていることに重点

副 completely 完全に

perfect
fect(行う) p.68参照
原「完全に行う」
→「完全な」

すべてそろった上、内容的、質的に完全な

副 perfectly 完全に

absolute
〜から / 自由にする
原「(欠点から)解放された」
→「完全な、絶対の」

無制限あるいは無条件の完全

副 absolutely 絶対に

altogether
＝all:まったく / 一緒に
原「全部で」
→「全体として、まったく」

completelyより意味が強い

例文

the **complete** works of Hemingway：ヘミングウェイ全集
She speaks **perfect** Japanese. 彼女は完璧な日本語を話す。

十分な

full
原「満ちた」
→「完全な、十分な」

動 fill 満たす
反 empty 空の

enough
原「十分な、十分に」

ちょうど必要なだけの

反 short 足りない
反 lacking 足りない

sufficient
＝sub:下から / 作る
原「下から作る」
→「供給する、満たす」
→「十分な」

必要なだけ十分な。enoughより堅い語

例文

sufficient money for your need：あなたが必要とする十分な金

26 特別の、普通の

今日では単に「珍しい、風変わりな」の意味にも使われる unique は、uni (1つの) という語幹 (unite (p.126「つなぐ・結合する」参照) と同語源) が示すように、本来は「唯一の」を意味する語です。つまり、This design is unique. と言えば、厳密にはそのデザインは世界に1つしかないことになります。これこそ究極の「特別」ではないでしょうか？

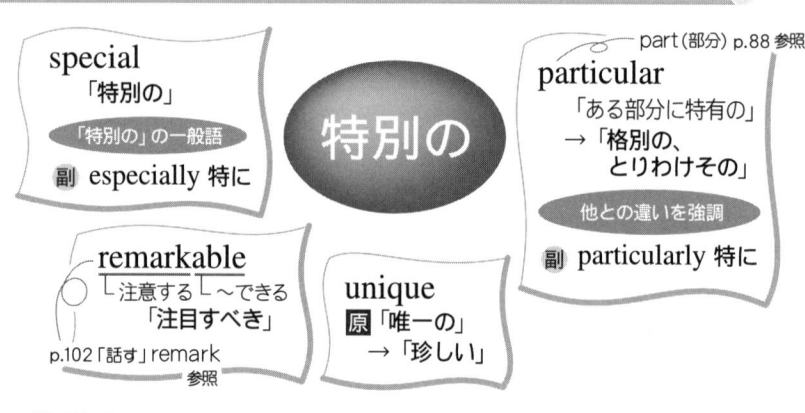

特別の

special
「特別の」
「特別の」の一般語
副 especially 特に

particular — part (部分) p.88 参照
「ある部分に特有の」
→「格別の、とりわけその」
他との違いを強調
副 particularly 特に

remarkable
└注意する └~できる
「注目すべき」
p.102「話す」remark 参照

unique
原「唯一の」
→「珍しい」

例文

on that **particular** day：とりわけその日に、その日に限って
He is making **remarkable** progress. 彼は目立った進歩を見せている。
an animal **unique** to the island：その島にしかいない動物

◀◀◀

奇妙な

strange
原「外の」
→「見知らぬ」
→「奇妙な」

odd
原「三角形の頂点」
→「端数の、奇数の」
→「風変わりな」
strangeより突飛さを強調

例文

odd manners：風変わりな風習　　an **odd** person：変わった人

◀◀◀

普通の

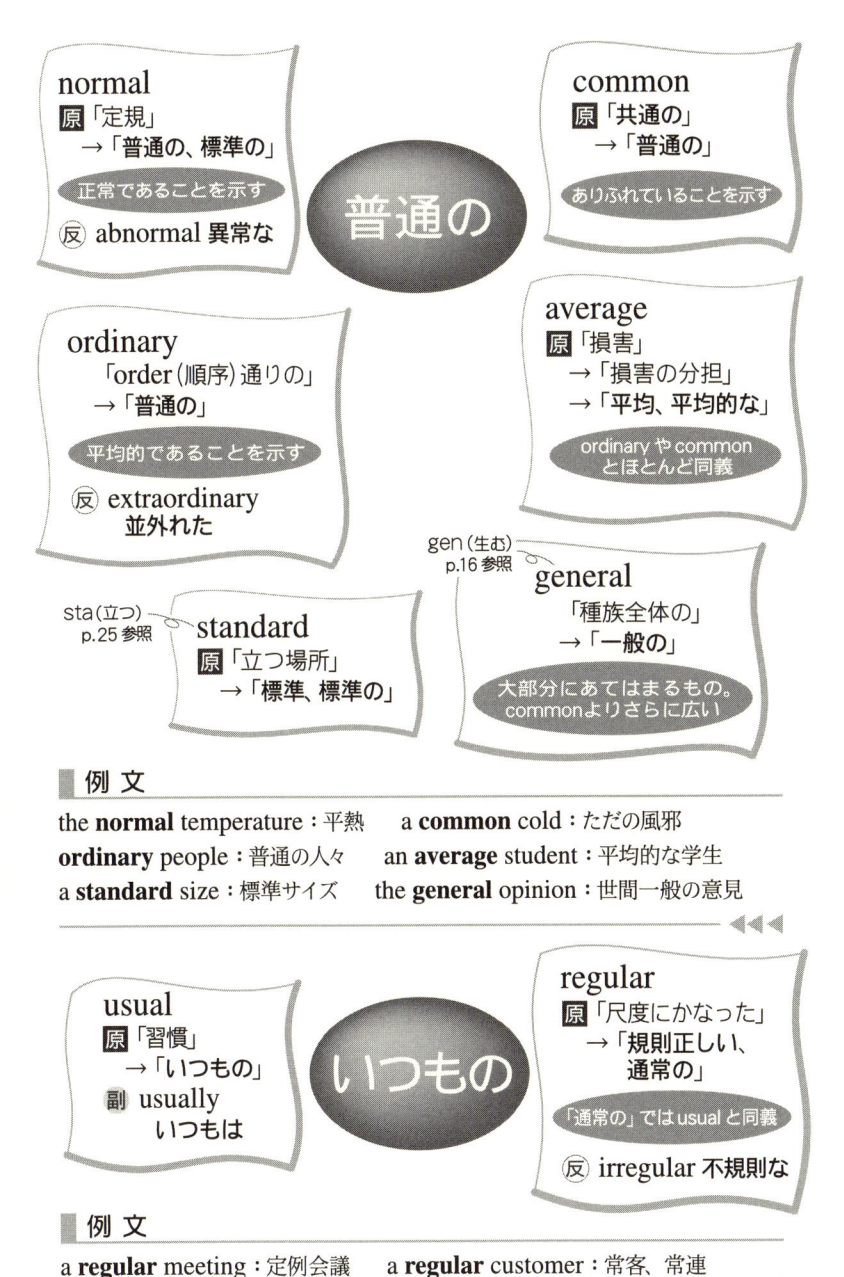

normal
原「定規」
→「普通の、標準の」
正常であることを示す
反 abnormal 異常な

common
原「共通の」
→「普通の」
ありふれていることを示す

ordinary
「order(順序)通りの」
→「普通の」
平均的であることを示す
反 extraordinary 並外れた

average
原「損害」
→「損害の分担」
→「平均、平均的な」
ordinary や common とほとんど同義

standard
sta(立つ) p.25 参照
原「立つ場所」
→「標準、標準の」

general
gen(生む) p.16 参照
「種族全体の」
→「一般の」
大部分にあてはまるもの。common よりさらに広い

例文

the **normal** temperature：平熱
a **common** cold：ただの風邪
ordinary people：普通の人々
an **average** student：平均的な学生
a **standard** size：標準サイズ
the **general** opinion：世間一般の意見

いつもの

usual
原「習慣」
→「いつもの」
副 usually
いつもは

regular
原「尺度にかなった」
→「規則正しい、通常の」
「通常の」では usual と同義
反 irregular 不規則な

例文

a **regular** meeting：定例会議
a **regular** customer：常客、常連

27 人の性質

「同情」には2種類あるのをご存知でしょうか？ 相手を見下す気持ちを含むもの（pity）と、相手と対等の立場に立つもの（sympathy）です。後者は sym（共に）+ path（苦しみ）すなわち「共に苦しむ」を原義とする語で、人間の精神のもっとも高貴な性質の1つを表しています。

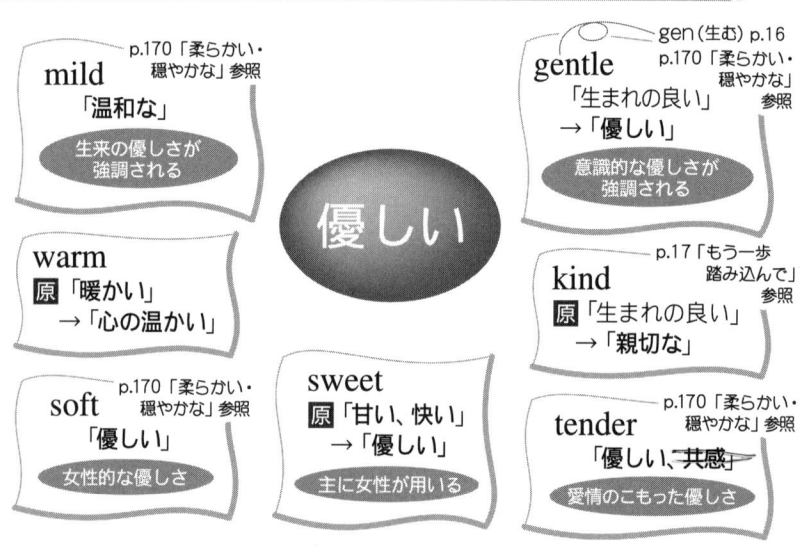

---

mild — p.170「柔らかい・穏やかな」参照
「温和な」
（生来の優しさが強調される）

gentle — gen（生む）p.16 / p.170「柔らかい・穏やかな」参照
「生まれの良い」→「優しい」
（意識的な優しさが強調される）

warm
原「暖かい」→「心の温かい」

kind — p.17「もう一歩踏み込んで」参照
原「生まれの良い」→「親切な」

soft — p.170「柔らかい・穏やかな」参照
「優しい」
（女性的な優しさ）

sweet
原「甘い、快い」→「優しい」
（主に女性が用いる）

tender — p.170「柔らかい・穏やかな」参照
「優しい、共感」
（愛情のこもった優しさ）

中央：**優しい**

例文

It's so **sweet** of you to invite me.　お招きいただいてとてもうれしいわ。

---

pity
原「信心深い」→「哀れみ深い」→「哀れみ」
（相手を見下す気持ちを含む）

sympathy — p.79「もう一歩踏み込んで」参照
sym（共に）＋path（苦しみ）
原「共に苦しむ」→「同情、共感」
（対等の立場での同情）

中央：**同情**

厳しい

strict
原「締めつける」
→「厳しい」
「厳しい」の一般語

severe p.172「激しい」参照
「厳格な」
主に職務的に厳しい

hard p.172「堅い」参照
原「堅い」
→「厳しい」
「冷淡な」というニュアンスが加わる

cruel
原「生の」
→「無情な」
→「残酷な」
名 cruelty 残酷

cold
原「冷たい、寒い」
→「冷淡な」
hardよりさらに冷淡

例文

He was very **strict** with us. 彼は私たちに非常に厳しかった。
a **severe** teacher：厳しい先生　　a **severe** criticism：厳しい批評

乱暴な

violent p.172「激しい」参照
原「猛烈な」
→「乱暴な」
名 violence 暴力

rough
原「毛むくじゃらの、ざらざらの」
→「乱暴な、粗野な」
悪意のない荒々しさ

wild
原「自然のままの」
→「野生の」
→「野蛮な、荒っぽい」
「手に負えない」というニュアンス

rude
「粗野な、失礼な」
悪意のある無作法
反 polite 礼儀正しい

例文

He is **rough** of speech. 彼は言葉が荒っぽい。
It's **rude** of you to ignore her. 彼女を無視するなんて、君は無礼だ。

大胆な

brave
原「異国の」
→「野蛮な」
→「勇敢な」
行動上の勇気を強調

bold
原「勇気のある」
→「大胆な」
braveよりも挑戦的で人目を意識したもの

courageous
原「心」
→「勇気のある」
精神的な勇気を強調
名 courage 勇気
動 encourage 勇気づける

例文

It was **courageous** of her to stay. 彼女がとどまったのは勇気のあることだった。

臆病な

nervous
原「筋」
→「神経」
→「神経質な、びくびくした」
名 nerve 神経

shy
原「こわがりの」
→「恥ずかしがりの」

coward
原「しっぽ」
→「臆病者」
負け犬が尾を後ろ脚にはさんで退散することから

例文

a **shy** girl：恥ずかしがりの（内気な）少女　　a **shy** smile：はにかみ笑い

((もう一歩 踏み込んで!))

■nervousは小心、nerveは大胆

nervous は「あがる」の意味にも用いられます。He was very nervous at the examination.（彼は試験のときとてもあがっていた）といった調子です。

ちなみに名詞形の **nerve** には正反対の「**勇気、度胸**」の意味もあるので注意が必要です（例：You have a lot of nerve.（いい度胸だな――皮肉あるいは脅し））。nerve には「**神経過敏、いらだち**」の意味もありますが、こちらは常に **nerves** と複数形になります。

きれいな

beautiful
- 原「美しい」
- 名 beauty 美、美人

pretty
「きれいな、かわいい」
beautifulよりも愛らしさに重点

cute
- 原「とがった」
- →「利口な」
- →「かわいらしい」

prettyよりさらにかわいいことを強調

lovely
- 愛 〜のような
- 原「優しい」
- →「美しい、魅力的な」

外見自体より人に与える好感に重点

p.220「handicapは賭け事からきた」参照

handsome
- 原「扱いやすい」
- →「ハンサムな」

（女性の場合は「きりっとした」）

例文

a **lovely** smile：美しい微笑み　　a **lovely** person：魅力的な人

もう一歩踏み込んで！

■ キュートな男って？

cute は本来子どもあるいはごく若い女性を形容する語ですが、わざと成人の男性などに使うことがあります。He is completely cute.（彼ってすっごくカワイイのよ）といった調子です。

醜い

ugly
- 原「恐ろしい」
- →「醜い」

plain
- 原「平らな」
- →「地味な」
- →「不器量な」

uglyの遠まわしな言い方

COLUMN　かわいい顔でぬけぬけと……

pretty の原義は何と「ずるい、悪賢い」でした。それが →「賢い」→「巧みな」→「立派な」→「快い」と変遷して今日の「かわいい」になりました。かわいい人には気を許さない方がよいのかもしれません。

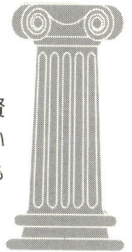

28　うれしい、悲しい

Choose joy!（喜びを選べ!）という言葉を聞いたことがあるでしょうか？　何かの選択を迫られたときは、義務感や損得にとらわれることなく、自分が喜びを感じられるものを選べ、という教えです。joy は pleasure や delight よりも深い、精神的な喜び——私たちがもっとも大切にすべき感情——を表しています。

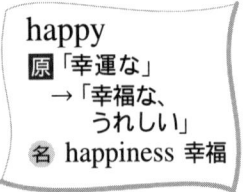

うれしい

glad
原「輝かしい」
→「うれしい」

happy
原「幸運な」
→「幸福な、うれしい」
名 happiness 幸福

pleased
＊please（喜ばせる）の過去分詞形
「うれしい」
何かに満足してうれしい
名 pleasure 喜び

delighted
＊delight（喜ばせる）の過去分詞形
「とてもうれしい」
glad あるいは pleased を強調した語
名 delight 大喜び

例 文

I'm **pleased** to hear the news.　私はその知らせを聞いて喜んでいる。
They were **delighted** with the present.　彼らはそのプレゼントに大喜びした。

《《 もう一歩 踏み込んで! 》》

■楽しむ側と楽しませる側

please の形容詞形は **pleasant**（楽しい、感じの良い）ですが、この pleasant が意味の上で pleased と競合することはありません。pleasant はあくまで「人を楽しませる」という意味、be pleased は「自分が楽しむ」という意味だからです。

ちなみに「どうぞ」の please は may it please you（それがあなたを喜ばせますように）を縮めたものです。

喜び

joy
原「喜ぶ」
→「喜び」
pleasure や delight より深い喜び
反 sorrow 悲しみ

fun
原「だます、かつぐ」
→「戯れ」
→「楽しみ」
形 funny おかしい、奇妙な

p.173「COLUMN」参照

例文
I felt the **joy** of life. 私は人生の喜びを感じた。

満足した

satisfied
＊satisfy（満足させる）の過去分詞形
「満足した」
十分に与えられての満足

content
原「保持する」
→「満足した」
分に応じた満足、あるいは内面的な満足
動 contain 含む
tain（保つ）p.56参照

例文
I am **satisfied** with the sum of money. 私はその金額に満足している。
I am **content** with my present life. 私は今の生活に満足している。

陽気な

cheerful
＊cheer（元気）の形容詞形
「陽気な、機嫌の良い」
個人が陽気な

merry
原「短い」
→「陽気な」
笑いさざめく陽気さ

COLUMN 新しい意味に道を譲った gay

「陽気な」を意味する語にはもう1つ gay がありますが、近年「同性愛の」の意味で用いられるようになったため（「同性愛の」は「派手な」から）、本来の意味ではほとんど使われなくなりました。
　gay は「同性愛の、同性愛者」を意味するもっともまともな語であり、軽蔑的な含みはありません。

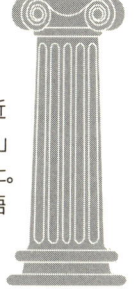

第2部　英単語を意味・テーマ別に覚える

悲しい

sad 「COLUMN」参照
原「満足した」
→「悲しい」
名 sadness 悲しみ
副 sadly 悲しんで

miserable
原「哀れむべき」
→「みじめな」
名 misery みじめさ

sorry
原「悲しい」
→「気の毒で、すまなく思って」

悲しみ

sorrow
原「悲しみ」
sadness よりも深い悲しみ
(sorry とは別語源)

grief
原「重い」
→「深い悲しみ」
災難、不幸などによる深い、けれども短期間の悲しみ
動 grieve 深く悲しむ

独りの寂しい

alone
= all one
原「ただ独りの」
→「ただ〜だけ」
通常寂しさは意味しない

lonely
-ly 〜のような
*lone は alone の a が取れたもの
原「ただ独りの」
→「孤独な、寂しい」

COLUMN 世にも悲しい物語

sad は古い英語では「満足した、十分な」の意味に使われていました。その後の意味の変遷は不明な点も多いですが、「十分な」→「中身の詰まった」→「まじめな」→「重々しい」→「心配そうな」と変化して、今日の「悲しい」に至ったと考えられています。とても悲しい物語です。

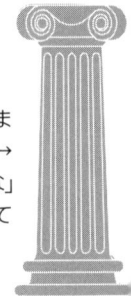

29 賢い、愚かな

「あの人は勉強ができる」の「できる」に相当する英単語は何でしょうか？ clever は「利口な」という意味で、微妙に違います。wise は人格的な成熟を示す語で、若い人には使いません。
　正解は bright。「輝く」というその原義は才気あふれる若者にぴったりです。

賢い

clever
原「器用な」
→「利口な」
　頭の回転が速くて機敏な。ずる賢いというニュアンスも

bright
原「輝く」
→「頭の良い」

smart
原「苦しめる」
→「利口な、巧みな」
　実務能力のある、また頭の良い

wise
原「賢い」
　知識と経験に基づいた判断力を有する
名 **wisdom** 知恵、分別

intelligent
原「間から選ぶ」
→「理解する」
→「知能の高い」
名 **intelligence** 知能
leg（選ぶ）p.74 参照

cunning
原「知る」
→「巧みな」
→「ずるい」
　cleverの「ずる賢さ」を強調した語

例文

He is **clever** at making excuses. 彼は言い訳がうまい。

もう一歩踏み込んで！

■「カンニング」は cheating

「カンニング」はいわゆる和製英語で、試験での不正行為は英語では cheating と言います。**cheat** は「だます、ごまかす」という意味です。

第2部　英単語を意味・テーマ別に覚える

ability
原「扱いやすい」
→「能力、才能」

実際的な能力

形 able (to~)
  (~)できる

能力

capacity
原「捕えられる」
→「収容できる」
→「収容力、能力」

主に潜在的な能力

形 capable 有能な

talent
原「タラント
  (通貨の単位)」
→「才能」

gift
原「与える」
→「贈り物」
→「才能」

talent よりさらに
天分を強調した語

skill
原「正当なもの」
→「知識」
→「熟練、技能」

形 skillful
  熟練した

例文

She showed great **ability** as a doctor.
  彼女は医師としての優れた能力を示した。
He has no **capacity** for leadership. 彼は指導者としての資質を持っていない。
He has a **gift** for music. 彼には音楽の才能がある。
The oil painting requires a lot of **skill**. 油絵は熟練を要する。

COLUMN talentは貨幣だった

talent は古代ギリシャ・ローマの重量および貨幣の単位「タラント」からきた語です。貨幣としては最高単位のもので、1タラント銀貨1枚で牛1頭が買えたといいます。

「才能」の意味はマタイ伝25章の、イエスのたとえ話から生まれました。

ちなみに「テレビタレント」は和製語で、英語では TV star、TV performer などと言います。

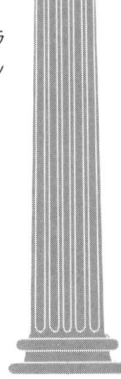

愚かな

foolish
原「ふいご」
→「頭の空っぽな」
→「ばかな」
名 fool ばか者

stupid
原「呆然となった」
→「ばかな」

silly（「COLUMN」参照）
原「幸福な」
→「ばかな」

dull（p.173「COLUMN」参照）
原「鈍い」
→「頭の鈍い」

もう一歩踏み込んで！

■ foolish は「ばかにする」ための語

foolish、stupid、silly はいずれも実際に「頭が悪い」ことを表すのではなく、人をさげすむ（つまりばかにする）ために使う語です（stupid は「頭の鈍い」ことを暗示する場合もある）。foolish を標準とすれば、stupid はより意味の強い語、silly はより口語的で軽い語です。実際に「頭が悪い」ことを表すのは dull あるいは slow です。

気が狂った

crazy
原「ひびの入った」
→「頭にひびの入った」
→「気が狂った」
（主に比喩的に「常軌を逸した」の意味に使う）

mad
原「愚かな」
→「気が狂った」
（文字通り「精神が異常になった」）

COLUMN 意味が下落した silly

silly は古い英語では「幸福な」を意味していました。それが「祝福された」→「無邪気な」→「哀れな」→「単純な」と変化して、今日の「ばかな」の意味になりました。意味が下落した語の典型と言われています。

30 熱心な、怠惰な

「まじめな」という日本語には「真剣な」と「勤勉な」の2つの意味があります。これに対して英語の serious は「真剣な、本気の」だけを、diligent は「勤勉な」だけを意味します。

けれども英語にも「熱心な」と「本気の」の両方の意味を兼ね備えた earnest という語があり、日本語の「まじめな」にぴったり対応しています。

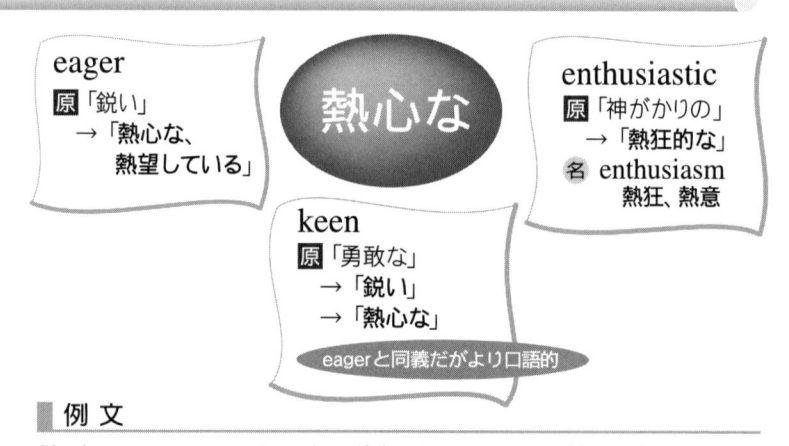

熱心な

eager
- 原「鋭い」
  - →「熱心な、熱望している」

enthusiastic
- 原「神がかりの」
  - →「熱狂的な」
- 名 enthusiasm 熱狂、熱意

keen
- 原「勇敢な」
  - →「鋭い」
  - →「熱心な」

eagerと同義だがより口語的

例文

She is **eager** to go to America. 彼女はとてもアメリカに行きたがっている。

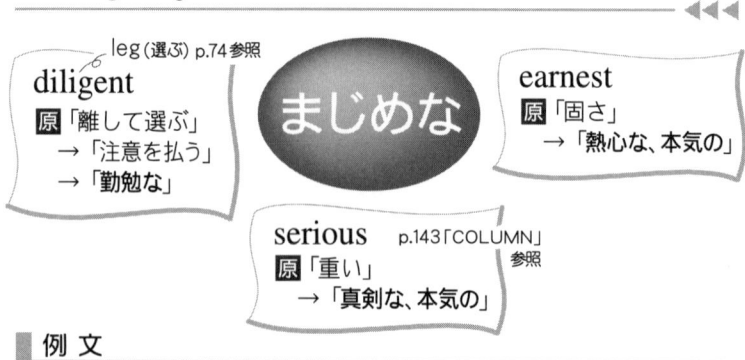

◀◀◀

まじめな

diligent leg(選ぶ) p.74参照
- 原「離して選ぶ」
  - →「注意を払う」
  - →「勤勉な」

earnest
- 原「固さ」
  - →「熱心な、本気の」

serious p.143「COLUMN」参照
- 原「重い」
  - →「真剣な、本気の」

例文

serious books:まじめな(堅い)本　　an **earnest** student:まじめな学生

◀◀◀

活動的な

active
p.128「行動する」act 参照
原「act（行動）の」
→「活動的な、積極的な」
進んで行動する態度
反 passive 受動的な

positive
posit（置く）p.48 参照
原「置かれた」
→「積極的な」
前向きに取り組む姿勢
反 negative 消極的な

energetic
原「働いている」
→「精力的な」
（「エネルギッシュ」はこの語のドイツ語形から）
名 energy エネルギー

例文

He is **active** in his welfare work.　彼は福祉事業で活躍している。

◀◀◀

怠惰な

lazy
原「弱い」
→「怠惰な、なまけ者の」

loose
p.173「COLUMN」参照
原「ゆるい」
→「だらしない」

idle
原「空(から)の」
→「働いていない」
必ずしも lazy ではない

もう一歩 踏み込んで！

■働きたくても働けない人は……

　idle は理由が何であれ「働いていない」状態を表し、They are idle owing to the strike.（彼らはストライキで仕事を休んでいる）のように使われます（ただし lazy と同じく「怠惰な」という意味に使われることもある）。

　ちなみに「アイドリング（idling：エンジンを空転させること）」には「空(から)の」という idle の原義が生きています。

第2部　英単語を意味・テーマ別に覚える

31 物の性質

still には「まだ、なおも」のほかに「静かな」という意味もありますが、実はこちらが「動かない」というこの語の原義に近いものです。「まだ」の意味は「静止した」から「絶えず、常に」を経由して生まれました。ちなみに「スチール写真」は still の名詞の意味「静止した写真」からきています。

柔らかい・穏やかな

soft p.158「優しい」参照
原「快い」
→「穏やかな、柔らかい」

tender p.158「優しい」参照
原「かよわい」
→「優しい」
→「柔らかい」
肉などが柔らかい

mild p.158「優しい」参照
原「柔和な」
→「温暖な、軽い」

calm 「COLUMN」参照
「穏やかな」

gen(生む) p.16 参照
gentle p.158「優しい」参照
「優しい」
→「穏やかな」

mod(尺度) p.84 参照
moderate
原「適切な尺度を守る」
→「穏やかな、中ぐらいの」

例 文

a **mild** climate：温暖な気候　　The sea is **calm** today. 今日は海が穏やかだ。

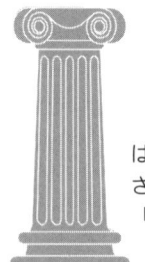

COLUMN 猛暑が転じて

calm は不思議な経歴を持つ語です。語源のギリシャ語 kauma は「日中の焼けるような暑さ」を意味していましたが、やがて「暑さの中の休息」あるいは「日中の海の平穏さ」へと転じ、今日の「穏やかな」に至りました。

静かな

quiet
原「休息」
→「静かな、平穏な」
反 noisy やかましい

silent
原「音のない」
→「無言の、静かな」
音のないことに重点
名 silence 沈黙、静けさ

still
原「動かない」
→「静止した、静かな」
動きのないことに重点
さらに→「絶えず、常に」
→「まだ、なおも」

例文

Be **silent**! 黙れ！　　Keep **still**. じっとしていなさい。

滑らかな

smooth
原「平らな」
→「滑らかな」
反 rough 粗い

delicate
原「魅惑的な」
→「優美な、繊細な」

きれいな

clean
原「明るい」
→「きれいな」
汚れていない
反 dirty 汚れた

clear
原「輝かしい」
→「明るい、澄んだ」
視界のさえぎられない

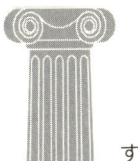

COLUMN　船酔い客の騒々しいこと……

noisy の語源は確実にはわかっていませんが、「船酔い」を意味するラテン語 nauseam からきたと考えられています。これが正しければ、その意味は「船酔い」→「船酔いした乗客の騒々しさ」→「やかましい」と変化したことになります。nausea（吐き気）も同語源です。

堅い

hard
原「堅い」
→「厳しい、激しい」
p.159「厳しい」参照
（硬質の堅さ）

firm
原「堅い、堅固な」
（しっかりした堅さ）

stiff
原「押し固める」
→「堅い、こわばった」
（柔軟性のない堅さ）

tough
原「曲がっても折れない」
→「堅い、頑丈な」
（肉などが堅い、人が粘り強い）

例文

a **firm** belief：堅い信念　　a **firm** foundation：しっかりした土台
a **stiff** neck：凝った首　　her **stiff** smile：彼女の不自然な微笑

◀◀◀

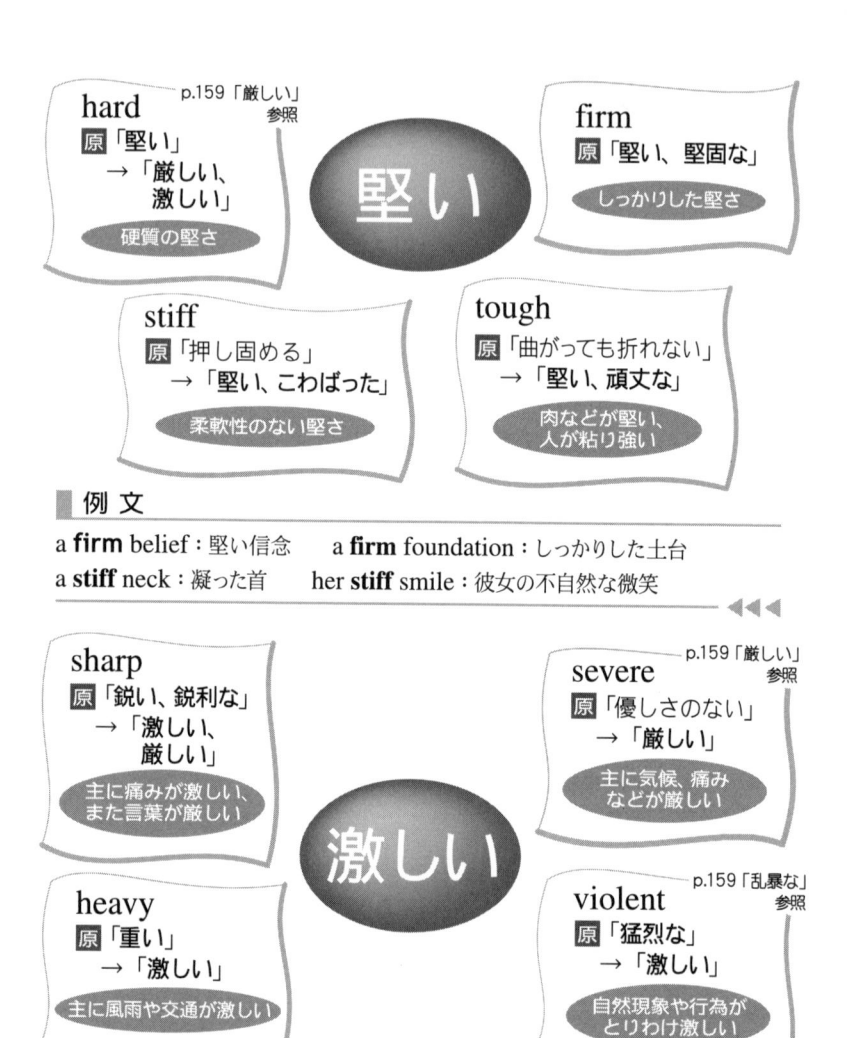

激しい

sharp
原「鋭い、鋭利な」
→「激しい、厳しい」
（主に痛みが激しい、また言葉が厳しい）

severe
原「優しさのない」
→「厳しい」
p.159「厳しい」参照
（主に気候、痛みなどが激しい）

heavy
原「重い」
→「激しい」
（主に風雨や交通が激しい）

violent
原「猛烈な」
→「激しい」
p.159「乱暴な」参照
（自然現象や行為がとりわけ激しい）

（（もう一歩 踏み込んで！））

■「激しい痛み」に区別はない？

「激しい痛み」は sharp pain とも severe pain とも violent pain とも言うことができます。sharp pain は特に「刺すような痛み」を、violent pain は「激烈な痛み」を表しますが、この３語には取り立てて言うほどの差はありません。

COLUMN その他の物の性質

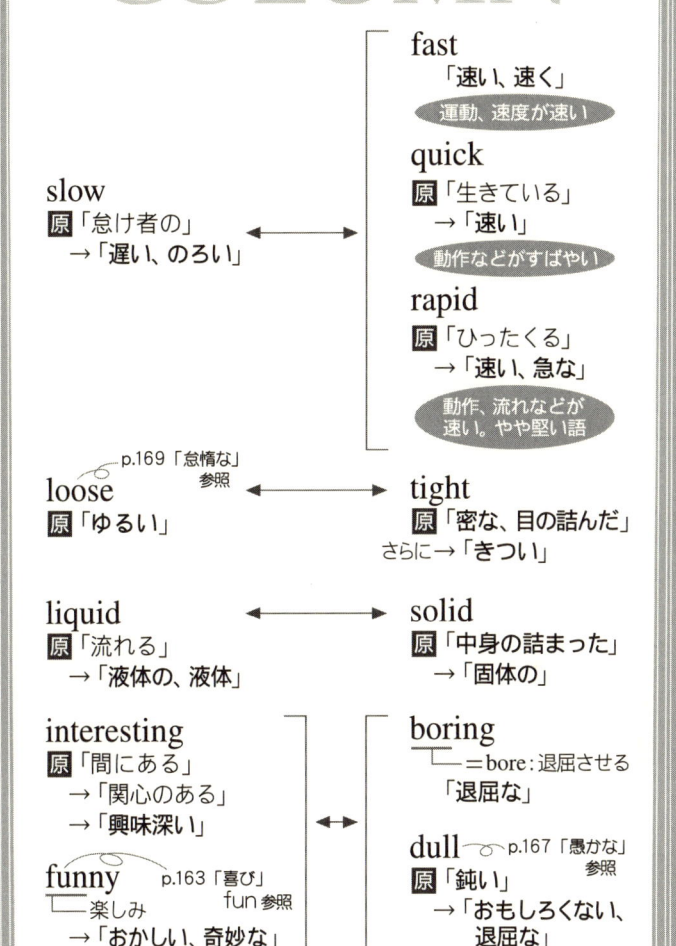

fast
「速い、速く」
> 運動、速度が速い

quick
原「生きている」
→「速い」
> 動作などがすばやい

rapid
原「ひったくる」
→「速い、急な」
> 動作、流れなどが速い。やや堅い語

slow ←p.169「怠惰な」参照
原「怠け者の」
→「遅い、のろい」

↔

loose
原「ゆるい」

↔

tight
原「密な、目の詰んだ」
さらに→「きつい」

liquid
原「流れる」
→「液体の、液体」

↔

solid
原「中身の詰まった」
→「固体の」

interesting
原「間にある」
→「関心のある」
→「興味深い」

funny p.163「喜び」fun 参照
楽しみ
→「おかしい、奇妙な」

↔

boring
=bore:退屈させる
「退屈な」

dull ←p.167「愚かな」参照
原「鈍い」
→「おもしろくない、退屈な」

■ しっかり走れば速いのは当然？ ■

fast には「固定した、しっかりと」の意味もありますが、実はこちらがこの語の原義です。その意味は「しっかりと」→「ゆるがずに、弱めずに」→「速く」と変遷しました。

32　金銭

英米では、学生などが友人から借金をする場合、IOUと呼ばれる簡易の借用証書を書きます（IOU $10, Davis Brown. といった具合）。これはI owe you.（私はあなたに借りがある）の音をなぞったものです。owe（借りがある）の意味を忘れたら、ぜひこのIOUを思い出してください。

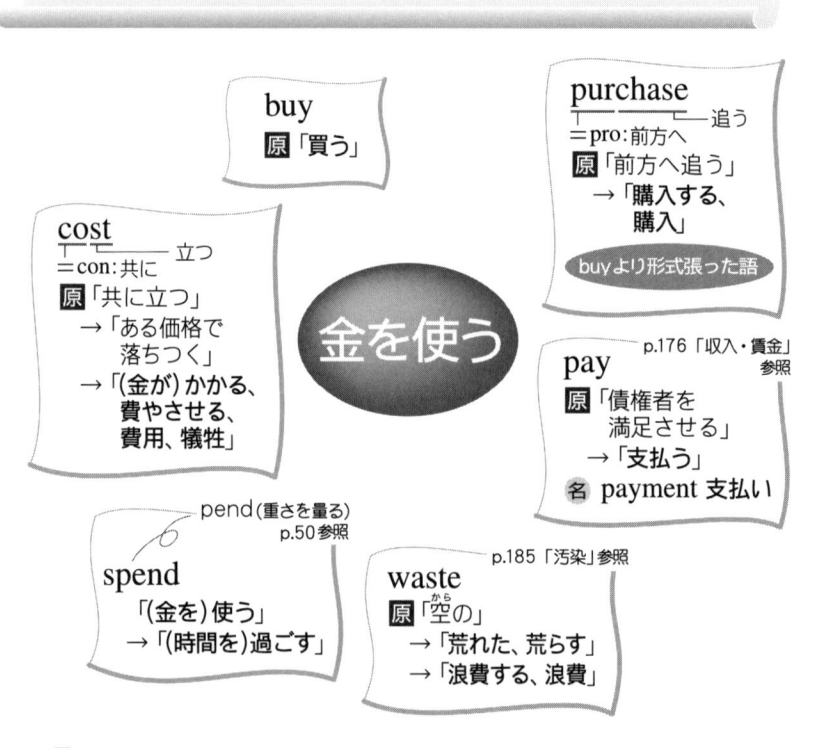

金を使う

buy
原「買う」

purchase
= pro:前方へ ─ 追う
原「前方へ追う」
→「購入する、購入」
buyより形式張った語

cost
= con:共に ─ 立つ
原「共に立つ」
→「ある価格で落ちつく」
→「(金が)かかる、費やさせる、費用、犠牲」

pay　p.176「収入・賃金」参照
原「債権者を満足させる」
→「支払う」
名 payment 支払い

spend　pend(重さを量る) p.50参照
「(金を)使う」
→「(時間を)過ごす」

waste　p.185「汚染」参照
原「空(から)の」
→「荒れた、荒らす」
→「浪費する、浪費」

例文

They **purchased** a house in the country. 彼らは田舎に家を買った。
This book **cost** me $30. この本は30ドルした。
She **spends** a lot of money on books. 彼女は本にたくさんの金を使う。
You are **wasting** your time and money. 君は時間と金を浪費している。

貸し借り

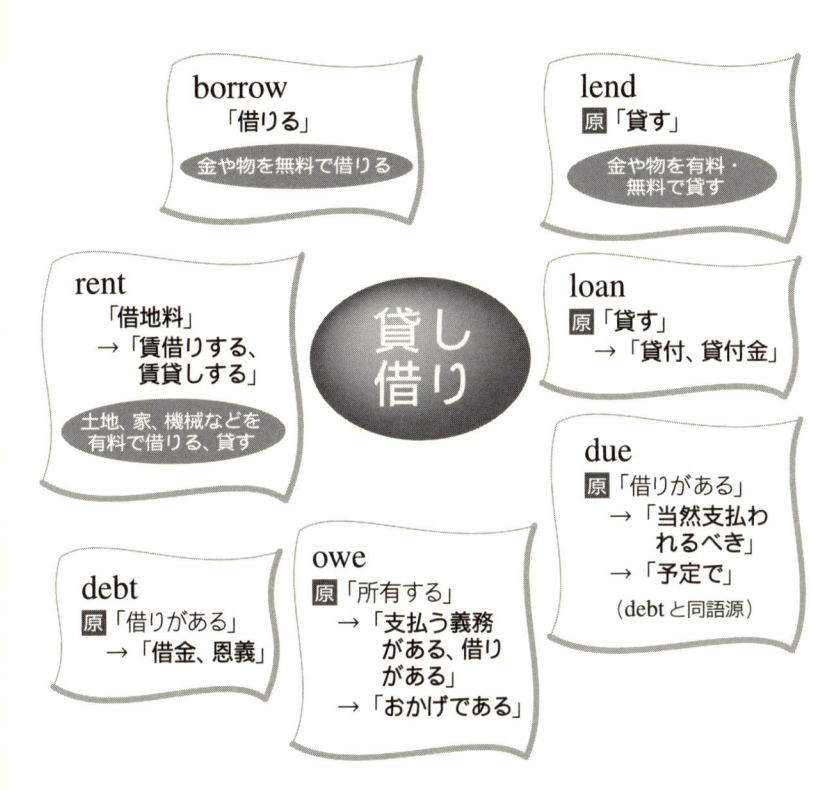

borrow
「借りる」
金や物を無料で借りる

lend
原「貸す」
金や物を有料・無料で貸す

rent
「借地料」
→「賃借りする、賃貸しする」
土地、家、機械などを有料で借りる、貸す

loan
原「貸す」
→「貸付、貸付金」

due
原「借りがある」
→「当然支払われるべき」
→「予定で」
(debtと同語源)

debt
原「借りがある」
→「借金、恩義」

owe
原「所有する」
→「支払う義務がある、借りがある」
→「おかげである」

例文

I **borrowed** some money from her.　私は彼女に金を借りた。
I **lent** him my car. (I **lent** my car to him.)　私は彼に車を貸した。
We **rented** our cottage to him.　私たちは彼に別荘を賃貸しした。
We **rented** an apartment from him.　私たちは彼からアパートを借りた。
How much do I **owe** you?　私はあなたにいくら借りがありますか？
The **rent** is **due** the day after tomorrow.　家賃はあさってが支払期限だ。

もう一歩踏み込んで!

■borrowもlendも運べるものだけ

borrowは「無料で借りて持ち帰る」ことなので、トイレを借りたい場合はMay I use your bathroom? と尋ねます。lendも「貸して持ち帰らせる」ことで、家屋など移動できないものには使いません。

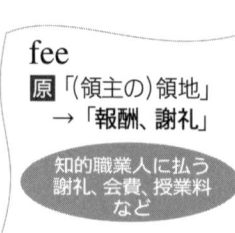

料金

fee
原「(領主の)領地」
→「報酬、謝礼」
知的職業人に払う謝礼、会費、授業料など

fare
原「旅、旅する」
→「(乗り物の)料金」
farewell(ごきげんよう)はfare(旅する)+well(幸福に)すなわち「良い旅を」から

rate
原「見積もられた」
→「割合、率」
→「料金、速度」
一定の基準による、主にサービスの料金

charge char(車) p.66参照
原「車に荷を積む」
→「請求する」
→「料金、手数料」
電気などの使用料、手数料、配達料など

収入・賃金

income
中に―来る
原「中に入る」
→「収入、所得」

wage
「報酬、賃金」
主に肉体労働に対する賃金

pay p.174「金を使う」参照
「支払う」
→「給料」
給料、賃金の一般語

《《もう一歩踏み込んで!》》

■「サラリーマン」は「塩男」

wageが日雇い労働者の時間給であるのに対し、会社員などの固定給はsalaryと言います。payはその両方に用いられます。salaryの語幹salは「塩」という意味で、古代ローマで塩を買うための金が兵士に支給されたことからきました。

ちなみに「サラリーマン」は和製語で、英語ではcompany employee、office workerなどと言います。

富

wealth
= well: 幸福な
原「幸福」
→「富、財産」
裕福さを強調
形 wealthy 裕福な

fortune p.146「幸運な」fortunate 参照
原「偶然」
→「運、幸運」
→「財産」
ひと財産、莫大な財産

その他

save
原「安全を守る」
→「救う」
→「蓄える」

amount
= ad:〜へ ─ 山
原「山へ」
→「上る」
→「総計〜になる、量」

account
= ad:〜へ ─ 数える
原「計算する」
→「計算、口座」
→「報告、説明する」

afford
原「成し遂げる」
→「〜できる」
→「〜する余裕がある」

もう一歩踏み込んで!

■accountの多様性はcountから

accountには「計算」や「口座」などのほかに「説明する、報告、考慮、理由」などのさまざまな意味があって、学習者を悩ませています。これはaccountを構成するcountにもともと(「数える」のほかに)「考える」および「話す」という意味があったことからきています。

I opened an **account** with the bank. 私はその銀行に預金口座を開いた。
He could not come on **account** of illness. 彼は病気のために来られなかった。

on account of〜　〜のため

■否定的に用いられる語afford

affordは通常canを伴い、金や時間に関して否定(とても余裕がない)や疑問(余裕なんかあるの?)の形で用いられます。

I can't **afford** to buy a house. 私には家を買う余裕はない。

33　経済、産業

　companyはcom（共に）+pan（パン）というおもしろい構成の語です。その意味は文字通りの「共にパンを食べる」から「食事を共にする」を経て「仲間」に、そして「仲間」から「会社」になりました。日本風に言えば「同じ釜の飯を食う仲間」が会社ということになります。

　ちなみに結婚披露宴でケーキを切り分ける習慣も「1つのケーキをみんなで食べて仲間になる」という趣旨のものだと言います。

economy
　eco — 家　　nomy — 管理する
- 原「家の管理」
  - →「倹約」
  - →「経済」
- 形 economic 経済の
- 形 economical 倹約する
  （economicとの違いに注意）
- 派 economics 経済学

経済

commerce
　com — 共に　　merce — 商う
- 原「商業」
- 形 commercial 商業の、コマーシャル

((もう一歩 踏み込んで!))

■mercy（慈悲）を示せば見返りがある？

　commerceの語幹merc（商う）を含む語には、ほかに**merchant**（商人）や**merchandise**（商品）があります。**mercy**（慈悲）もこの仲間に入りますが、それは「人に示した好意に対しては、天国での報酬がある」という考え方によるものだと言います。

COLUMN 「経済」は「家政」に始まる

　「家政学」はhome economicsと言いますが、この言葉にこそ「家の管理」というeconomyの原義が生きています。

会社

company
- 共に / パン
- 原「食事を共にする」
  → 「仲間」
  → 「会社」
- 派 companion 仲間
- 派 accompany 伴う

corporation
- 原「一体となった」
  → 「法人、株式会社」

会社名に付くInc.はincorporated（法人の）の略

産業

industry
- 原「勤勉」
  → 「産業」
- 形 industrial 産業の

technology
- 技術 / 学問
- 「科学技術、工学」
- 派 technique 技術
- 派 technical 工業の、技術の

材料

material
- ＊matter（物質）の形容詞形
- 原「物質の」
  → 「材料、原料」

resource
- 再び / 上がる、湧き出る
- 原「供給源」
  → 「資源」
- （「手段」の意味もある）

stuff
- 原「材料」
  → 「もの」
- materialより口語的

製品

product
- duc（導く）p.76参照
- 「産物、成果」

quality
- 原「性質」
  → 「品質、良質」
- 反 quantity 量

例文

We prefer **quality** to **quantity**.　私たちは量よりも質を重んじる。

34　仕事

labor（労働）の当初の意味は「苦労」であり、それはさらに「重い荷を背負ってよろめくこと」にさかのぼると言います。西洋での労働に対するイメージは、日本でのそれよりかなりネガティブに偏っているようです。

ちなみに labor には「陣痛」の意味もありますが、陣痛も一種の重労働と言えるかもしれません。

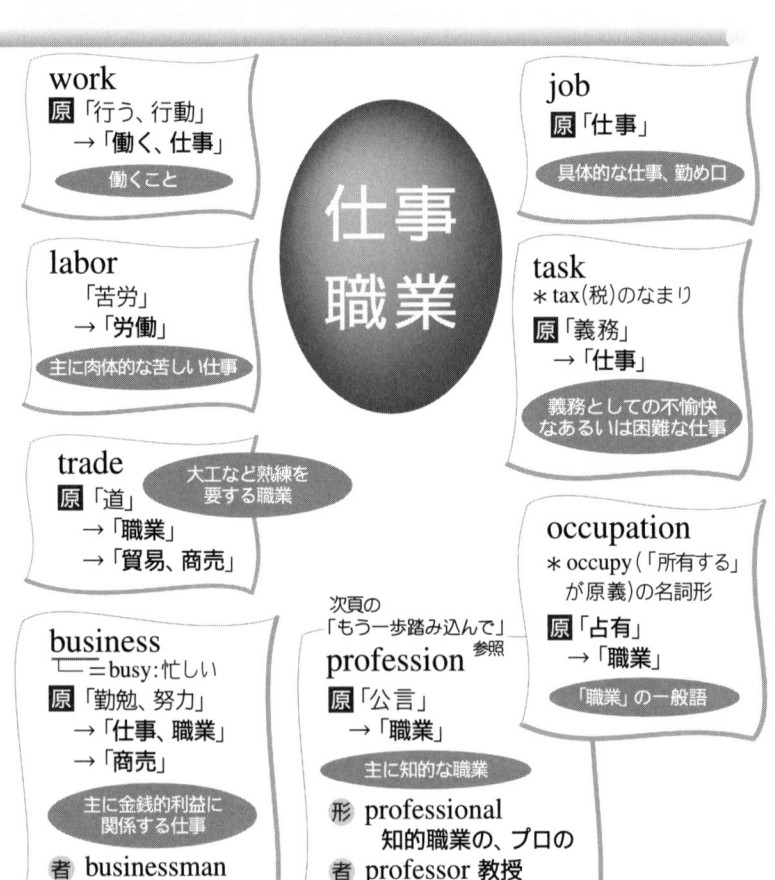

---

work
原「行う、行動」
→「働く、仕事」
- 働くこと

job
原「仕事」
- 具体的な仕事、勤め口

labor
「苦労」
→「**労働**」
- 主に肉体的な苦しい仕事

task
＊tax（税）のなまり
原「義務」
→「仕事」
- 義務としての不愉快なあるいは困難な仕事

trade
原「道」
→「職業」
→「貿易、商売」
- 大工など熟練を要する職業

occupation
＊occupy（「所有する」が原義）の名詞形
原「占有」
→「職業」
- 「職業」の一般語

business
└─ ＝busy：忙しい
原「勤勉、努力」
→「仕事、職業」
→「商売」
- 主に金銭的利益に関係する仕事
- 者 businessman　実業家

profession（次頁の「もう一歩踏み込んで」参照）
原「公言」
→「職業」
- 主に知的な職業
- 形 professional　知的職業の、プロの
- 者 professor　教授

仕事
職業

もう一歩踏み込んで！

■「天職」って何？

　professionの「職業」の意味は、pro(前方へ)＋fess(言う)すなわち「公言する」の原義から、「皆の前で入信の誓いを立てる」→「聖職につく」→「聖職」と変遷して生まれたものです。この語が主に専門職(法律家、医師、教師など)を指すのはこの「聖職」のなごりです。

　ちなみに「**天職**(神から与えられた職業)」を意味する **vocation** は「呼ぶ」の原義から「(神の)呼びかけ」を経て生まれました。**calling**(天職)も同様です。

働き

operate
原「働く」
→「動く、運転する」
名 operation
運転、作戦、手術

function
原「遂行する」
→「機能、作用」

cooperate
┬───働く
＝con：共に
原「共に働く」
→「協力する」
名 cooperation 協力

COLUMN　出ました None of your business.

　かつてテレビの「ニュースステーション」にアンソニー・ホプキンズというイギリス人の俳優が生出演したことがありました。キャスターの久米宏は、ホプキンズの高額の映画出演料に触れ、「あなたは出演料をいったい何に使うんですか？」と尋ねました。するとホプキンズは "That's none of your business." (それは君には関係のないことだ)とつぶやいたきり、その後は何を聞かれても答えようとしませんでした。プライバシーを尊重する欧米人の典型的な反応と言えるでしょう。

　なおこの **business** は「務め、やるべきこと」の意味です。

35　社会

community（コミュニティ）は英語でも日本語でもよく用いられる語ですが、その内容はややあいまいです。「地域社会」などの訳語は意味の一部を表すに過ぎないため、日本語でも普通はそのまま「コミュニティ」と言います。

くわしく言えば、community の意味は「住む場所、職業、宗教、人種、利害などで結ばれた人々の作るグループ」です。かならずしも1カ所に集まって暮らす人々を指すわけではないのは、「A市のアジア人コミュニティ：A市内に散らばって住むアジア人の作るグループ」という表現でもわかるでしょう。

社会

society
原「仲間」
　→「交際」
　→「社会」
形 social 社会の

community
　共に　　義務
原「義務を共にする」
　→「共通の」
　→「コミュニティ」

市民

citizen
原「city（市）の人」
　→「市民、国民」

civil
原「市民」
　→「市民の、国内の」
名 civilization 文明
動 civilize 教化する
（civilの「文明化された」の意味から）

((もう一歩 踏み込んで!))

■communicateも「共通の」から

その形でもわかる通り、**communicate** は community と同語源で、意味は「共通の」→「共にする」→「**伝える、通信する**」と変遷しました。名詞形は **communication**（通信、伝達）です。

社会の慣習

custom p.194「習慣」参照
原「慣れる」
→「習慣、風習」

rule
原「物差し」
→「規則、支配」

moral
原「習慣、態度」
→「道徳の、教訓」

tradition
原「手渡す」
→「言い伝え」
→「伝統」

例文

the **moral** sense：道徳観念　　attach a **moral** to a story：物語に教訓を盛る
stick to a **tradition**：伝統を忠実に守る

義務

duty
名詞語尾
=due：支払うべき
p.175「貸し・借り」参照
原「税金」
→「義務、職務」
duty-free（免税の）にその原義が残っている

responsibility
保証する
返って
原「保証を返す」
→「責任」
形 responsible 責任のある

例文

I will take the **responsibility** for the delay.　私がその遅れの責任を取ります。
He is **responsible** for the accident.　その事故の責任は彼にある。

もう一歩踏み込んで！

■「保証」の意味は消えた respond

　responsibility は respond の派生語です。**respond** は「保証を返す」から「返答する」を経て「**答える、反応する**」の意味になりましたが、responsibility に含まれる「保証」の意味は消えています。名詞形は **response**（応答）です。

36　国、政治

　アテネのパルテノン神殿の立つ丘はAcropolis（アクロポリス）と呼ばれています。もちろんギリシャ語で、acro（先端、頂点）＋ polis（都市）すなわち「頂上の都市」を意味します。
　前半のacroはたとえばacrobat（つま先（足の先端）で歩く→軽業師）に生きており、後半のpolisもpolice（警察）やここで紹介するpolitics、policyなどのもとになっています。
　ギリシャ語が英語に及ぼす影響は小さくありません。

国

country
原「向こう側の土地」
　→「故郷」
　→「国、田舎」
主に国土としての国

state　sta（立つ）p.25参照
原「立つ」
　→「状態」
　→「国の状態」
　→「国家」
政治的な意味での国

nation
原「生まれる」
　→「生まれの同じ人々」
　→「民族」
　→「国民、国家」
民族の集合としての国
形 national 国民の、国家の
派 nationality 国籍

政治

govern
原「（船を）操る」
　→「統治する」
名 government 政治、政府

policy
原「都市」
　→「市民」
　→「政治」
　→「政策」

politics
原「都市」
　→「市民の」
　→「政治」
形 political 政治の
者 politician 政治家

37　環境

　環境問題が語られるときによく出てくる語に ecology（エコロジー：生態学）があります。eco は economy の項目（p.178「経済」参照）に示したように本来は「家」という意味ですが、やがて「生物の生活の場としての環境」に拡大し、今日では環境の代名詞となった観があります。

　英語の eco-friendly（環境に優しい）、日本の「エコマーク（環境に優しい商品に付けられるマーク）」などはそのような流れから生まれた語です。

---

surroundings
＊surround（囲む）の現在分詞形より
「**環境、周囲の状況**」
地理的な環境

環境

environment
中に ― 円
原「取り囲む」
→「**環境、自然環境**」
精神に影響を及ぼす環境

atmosphere
蒸気 ― 圏
原「蒸気の圏」
→「**大気（圏）**」
→「**雰囲気**」

ecology
生物の環境 ― 学問
「**生態学**」

例 文

live in a comfortable **surroundings**：快適な環境で生活する
his home **environment**：彼の家庭環境

---

pollution
原「汚す」
　→「**汚染**」
動 pollute
　　汚染する

汚染

waste p.174「金を使う」参照
「荒れた、荒らす」
→「**くず、廃棄物**」

第2部　英単語を意味・テーマ別に覚える　**185**

38 犯罪、裁判

日本人には理解しづらいことですが、キリスト教の世界では法律上の犯罪（crime）と道徳的・宗教的な罪（sin）は別のものと考えられています。pride（高慢）、anger（怒り）、envy（妬み）などはdeadly sin（大罪）だといいますから、西洋人はうっかり威張ることもできません。sin の観念は西洋人の心に深く根差し、計り知れないほどの悪影響を及ぼしてきたと言われています。

crime
原「区別する」
→「判決」
→「犯罪」
法で罰せられる種類の罪
形 criminal 犯罪の、犯人

罪

sin
原「罪」
宗教上、道徳上の罪

例文

commit a **crime**：罪を犯す　　forgive a **sin**：罪を許す

◀◀◀

steal
原「盗む」
こっそり盗む

rob
原「奪う」
力ずくで奪う
者 robber 強盗

盗む
逮捕

arrest
ar = ad:〜へ -rest とどまる
原「とどまる」
→「引き止める」
→「逮捕する、逮捕」

victim
原「いけにえ」
→「犠牲者」
→「被害者」

例文

They **robbed** the man of his watch.　彼らはその男から腕時計を奪った。

◀◀◀

186

裁判

court
原「中庭」
→「宮廷、裁判所」

trial p.129「試みる」try 参照
原「選り分ける」
→「審理する」
→「裁判」

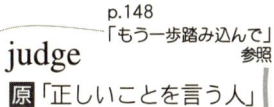

judge p.148「もう一歩踏み込んで」参照
原「正しいことを言う人」
→「裁判官、裁判する、判断する」
名 judgment 判断、判決

lawyer
└法律 └者
「弁護士」

witness
└知力
原「知識」
→「証言、証人」
→「目撃者、目撃する」

例文

bring him to **trial**：彼を裁判にかける　　go to **trial**：裁判になる
She was called as a **witness** at the **trial**.
　彼女はその裁判に証人として呼ばれた。

判決・処罰

innocent
否定 害する
原「無害の」
→「無罪の」
→「無邪気な」

guilt
原「違反行為、犯罪」
形 guilty 有罪の

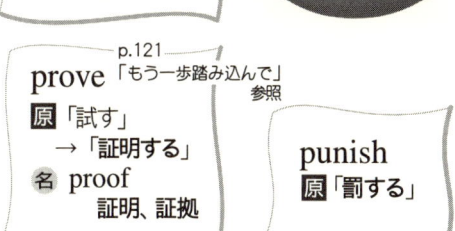

prove p.121「もう一歩踏み込んで」参照
原「試す」
→「証明する」
名 proof 証明、証拠

punish
原「罰する」

prison
原「捕える」
→「刑務所」
者 prisoner 囚人、捕虜

例文

The **court judged** him **guilty**. 裁判所は彼に有罪の判決を下した。
The **lawyer** proved that the man was **innocent**.
　弁護士はその男の無罪を証明した。

第2部　英単語を意味・テーマ別に覚える

39　心

　「心」を表す英単語には mind、heart、soul、spirit の 4 つがあります。このうち mind は知性・理性の宿るところとしての心を、heart は喜怒哀楽の感情の宿るところとしての心を表しています。また、soul は肉体（脳を含めた）とは別のものとしての「霊魂」を意味します。

　最後の spirit は、基本的には soul と同じものを指しますが、人間の活動により密着した、その生命力の根源としての「霊」を表します（be in high spirits（上機嫌である）などの spirit はその比喩的な使い方）。

　ちなみに spirit の原義は「息」であり、「生命は神によって吹き込まれる息の中にある」とする古代の考え方を反映しています。もちろん世の中には spirit の存在を否定し、すべての精神活動は脳の働きによるものだと考える人々もいます（materialism（唯物主義）と呼ばれる考え方）。

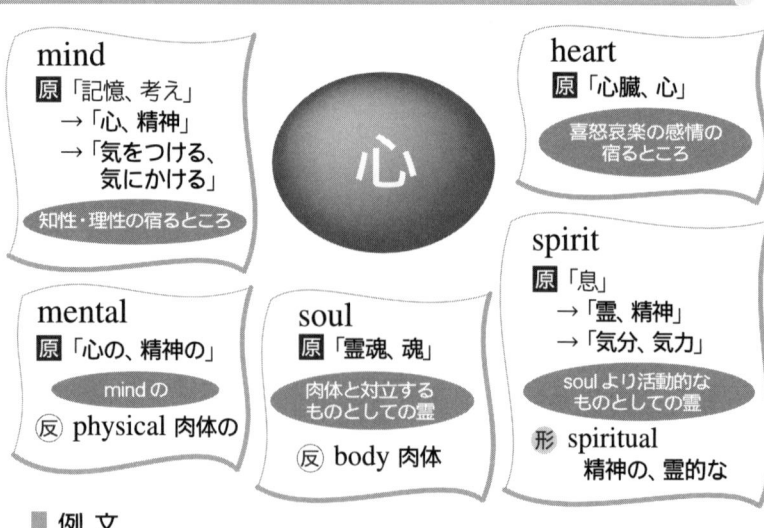

mind
原「記憶、考え」
→「心、精神」
→「気をつける、気にかける」
知性・理性の宿るところ

heart
原「心臓、心」
喜怒哀楽の感情の宿るところ

mental
原「心の、精神の」
mind の
反 physical 肉体の

soul
原「霊魂、魂」
肉体と対立するものとしての霊
反 body 肉体

spirit
原「息」
→「霊、精神」
→「気分、気力」
soul より活動的なものとしての霊
形 spiritual 精神の、霊的な

例文

Keep your **mind** on your study.　勉強に気持ちを集中させなさい。
He opened his **heart** to her.　彼は彼女に心を開いた。

感覚・感情

sense
- 原「感じる」
  - →「感覚」
  - →「センス、分別、意味」
- 形 sensible 分別のある
- 形 sensitive 敏感な

emotion — mot(動く) p.30参照
「(心を)動かすこと」
→「感情」

feeling
* feel(触れる)の現在分詞形
「触覚、感覚」
→「感情」

sense, emotion どちらの意味もある

((もう一歩踏み込んで!))

■sensibleは理性、sensibilityは感性

sensible(分別のある)はsenseの「分別」の意味の形容詞形ですが、その派生語 **sensibility** はまったく違う「**感受性、敏感さ**」の意味になるので注意が必要です。

記憶

memory
- 原「心に留める」
  - →「記憶(力)、思い出」

主に覚えている力または思い出す能力

remind
- 再び / 心
- 原「思い出す」
  - →「思い出させる」

remember
- 再び / 心に留める
- 原「記憶している、思い出す」

例文

I don't **remember** having met him. 私は彼に会った記憶はない。

心理学

psychology
- 霊魂、精神 / 学問
- 「心理学」

40 文学

literature(文学)は letter(文字)と同語源で、「学問」が原義ですが、さらにさかのぼれば「こすりつける、シミを付ける」に至ると言われています。write(書く)の原義も「ひっかく、刻みつける」で、ついでに日本語の「書く」も「掻く」からきました。洋の東西を問わず、昔は木片や羊皮紙などにひっかいたりシミを付けたりして文字を記していたわけです。

文学

literature
- 原「学問」
  → 「文学」
- 形 literary 文学の

novel
- 原「新奇なもの」
  → 「ニュース、物語」
  → 「小説」

poem
- 原「作られたもの」
  → 「(1編の)詩」
- 派 poetry (集合的に)詩
- 者 poet 詩人
- 形 poetic 詩的な

fiction
- 原「作ること」
  → 「小説、作りごと」

novelを含めた散文の創作の総称

classic
- 原「最高のclassの」
  → 「第1級の、典型的な」
  → 「古典の、古典」
- 派 classical 古典の

(「クラシック音楽」は classical music と言う)

COLUMN 悲劇の主人公は「ヤギ」?

tragedy(悲劇)の原義は何と「ヤギの歌」です。そのいわれについては、「ギリシャ悲劇の役者が神話の怪物を表すためにヤギの皮を着ていたから」という説や、「すぐれた演技に対するほうびがヤギだったから」という説がありますが、定かではありません。

一方 comedy(喜劇)は com(酒宴)+edy(歌手)という構成の語で、酒宴での芸人の芸がもとになっています。

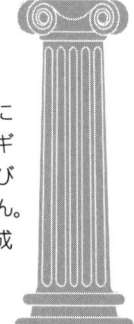

41　病気

アメリカでは「病気の」は主に sick が用いられ、ill はやや改まった言い方になります。一方イギリスでは主に ill が用いられ、sick は叙述用法（I'm sick. の形）では「吐き気がする」の意味になります。つまり、体調を崩したとき、アメリカ人は I'm sick. と、イギリス人は I'm ill. と言うわけです（p.111「COLUMN」参照）。

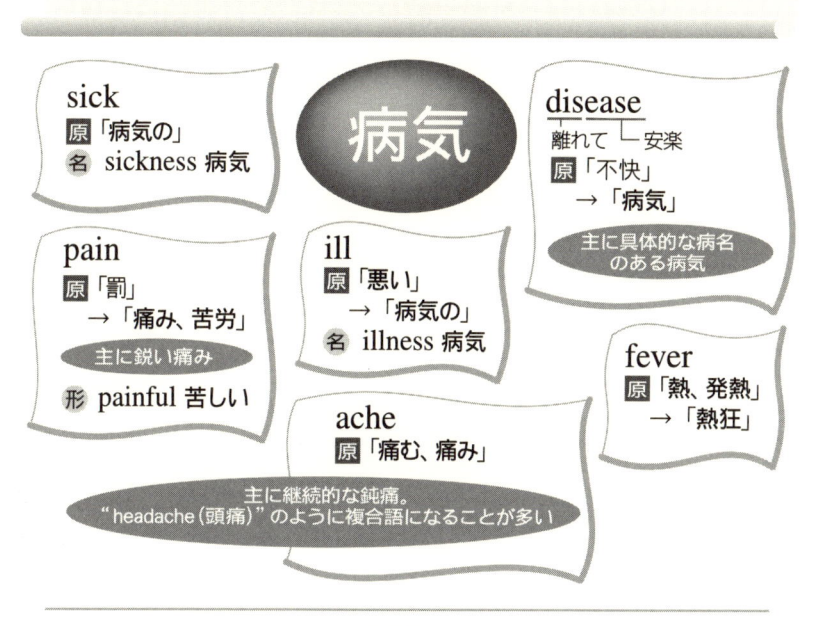

病気

sick
原「病気の」
名 sickness 病気

disease
離れて ─ 安楽
原「不快」
→「病気」
主に具体的な病名のある病気

pain
原「罰」
→「痛み、苦労」
主に鋭い痛み
形 painful 苦しい

ill
原「悪い」
→「病気の」
名 illness 病気

fever
原「熱、発熱」
→「熱狂」

ache
原「痛む、痛み」
主に継続的な鈍痛。
"headache（頭痛）"のように複合語になることが多い

治療

medicine
原「医者の」
→「医学、医薬」
形 medical 医学の

recover
再び ─ 取る
原「取り戻す」
→「（健康を）回復する」
（cover とは別語源）

cure
cur（注意）
p.78参照
原「注意」
→「治癒、治療、（病気を）治す」

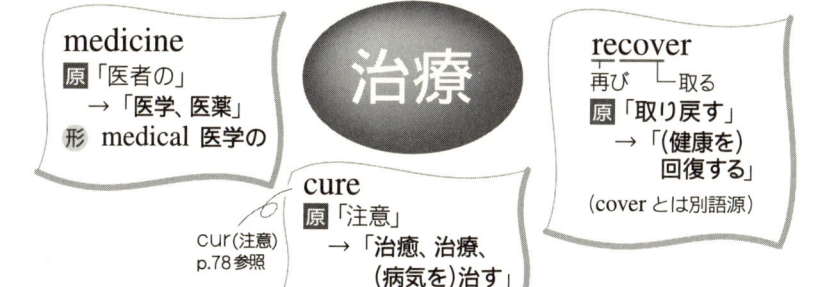

42　問題、危機

　disaster（災害）はもともとは占星術の用語で、「自分の星が離れて好ましくない位置にある」を原義としています。星の配置の悪さが「災害」を引き起こすというわけです。
　ところが近年、このdisasterは、その重々しい響きを逆手にとられて、「ひどいもの」ほどのごく軽い意味に盛んに使われるようになりました。たとえば、"How was the party?" "It was a disaster."（パーティーはどうだった？　最低だったわ）といった調子です。

事柄

matter
原「材料」
　→「事柄、問題、物質」
処理されるべき事柄、また関心を引かれる事柄

thing
「物、事」
「事」の一般語

affair
＝ad:〜へ　する
原「すること」
　→「業務、事柄、出来事」
自分に関係のある事柄

■ 例 文

discuss a **matter**：問題を話し合う　　family **affairs**：家族の問題

問題

problem
前方へ　投げる
原「投げ出されたもの」
　→「問題」
「問題」の一般語

trouble
原「悩ます」
　→「面倒、心配、もめごと」
形 troublesome　やっかいな

issue
原「外へ出る」
　→「発行する、発行」
また「出る」
　→「問題、争点」
議論の対象になる問題

危機

danger
「COLUMN」参照
原「権力」
→「危険」
形 dangerous 危険な

disaster
離れて ＝astro:星
原「星が離れる」
→「災害」

crisis
原「分ける」
→「危機」
形 critical 危機の
p.137「責める」criticize「もう一歩踏み込んで」参照

例文

get over a **crisis**：危機を乗り越える　　a national **crisis**：国家の危機
The temple has had many **disasters**. その寺は多くの災害にあった。

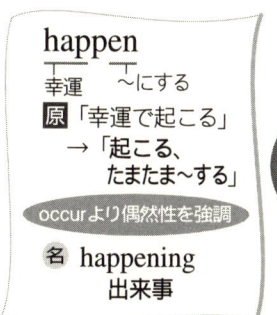

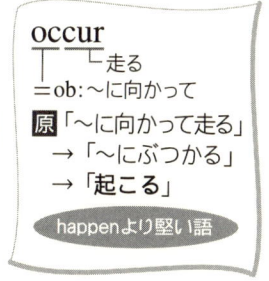

◀◀◀

起こる

happen
幸運　〜にする
原「幸運で起こる」
→「起こる、たまたま〜する」
occurより偶然性を強調
名 happening 出来事

occur
走る
＝ob:〜に向かって
原「〜に向かって走る」
→「〜にぶつかる」
→「起こる」
happenより堅い語

例文

if anything **happens** to me：もし私に何かが起こったら
The accident **occurred** that night. その事故はその夜起こった。

◀◀◀

COLUMN 領主ほど危険な者はいない！

danger の原義は「家臣に対する領主の権力」であり、そこから「危険を加え得る力」を経て今日の「危険」の意味になりました。中世における封建領主の権力の強大さを示す語です。

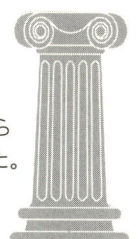

第2部　英単語を意味・テーマ別に覚える

43　態度、習慣

habit は今日では「習慣、くせ」を意味しますが、中世には主に「衣服」の意味に使われていました。原義は「持つ」ですから、「くせ」であれ、「衣服」であれ、要するに人間が身につけるものすべてが habit だったわけです。

この habit に in が付いた形、inhabit は「中に持つ」から「住む」という意味になった語です。

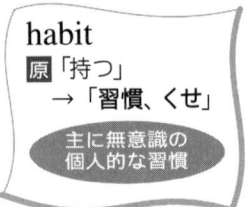

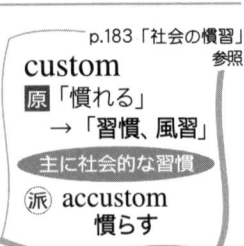

態度

attitude
= apt:適した　〜のこと
原「適切さ」
→「態度」
心構えに重点

manner　— man(手) p.96参照
原「手」
→「扱う」
→「方法、態度」
物腰や応対に重点

習慣

habit
原「持つ」
→「習慣、くせ」
主に無意識の個人的な習慣

custom　p.183「社会の慣習」参照
原「慣れる」
→「習慣、風習」
主に社会的な習慣
派 accustom 慣らす

例文

give up the **habit** of smoking：喫煙の習慣をやめる
the **custom** of shaking hands：握手する習慣

《 もう一歩 踏み込んで! 》

■「習慣」を表す第3の語

practice (p.128「行動する」参照) にも「習慣」の意味があります。これは個人的なものにも社会的なものにも用いられますが、意識的で規則的な習慣や慣例を表すことが多いです。

44 場所、地域

「中部地方」「四国地方」などの「地方」にどんな英語をあてればよいかは、かなり微妙です。普通「関東地方」は Kanto district、「東北地方」は Tohoku region と言うようですが、後者の場合は「豊かな自然に恵まれた地方」に district はそぐわないという判断が働いているようです。district にふさわしいのは関東や近畿のように「人間の管理がより行き届いた地域」なのかもしれません。

場所

place
原「広い」
→「広い空間」
→「場所」

space
原「空間、場所」
→「宇宙」

spot
原「斑点、汚れ」
→「(小さな)場所」

地域

area
原「敷地」
→「場所、地域、面積」

一定の特徴を持つ地域。
region より小さい

region
原「統治する」
→「行政区分」
→「地方」
→「領域」

自然条件や社会的特徴で
分けられた広い地域

district
「封建君主の
 支配領」
→「管区」
→「地区、地方」

主に行政上の区画。
region より小さい

例 文

a desert **area**：砂漠地帯
the shopping **district**：商店街
a school **district**：学区
the arctic **region**：北極地方

45 状態

conditionには「状態、状況」と「条件」の意味がありますが、「条件」の方が古くからの意味であることを知っておいて損はないでしょう。この語の「状態」の意味は「ある条件のもとに生じた、しばしば一時的な状態」を指すからです。

一方 situation は「いくつかの力が加わって生じた、しばしば収拾しづらい、長続きしそうな状態」を指します。

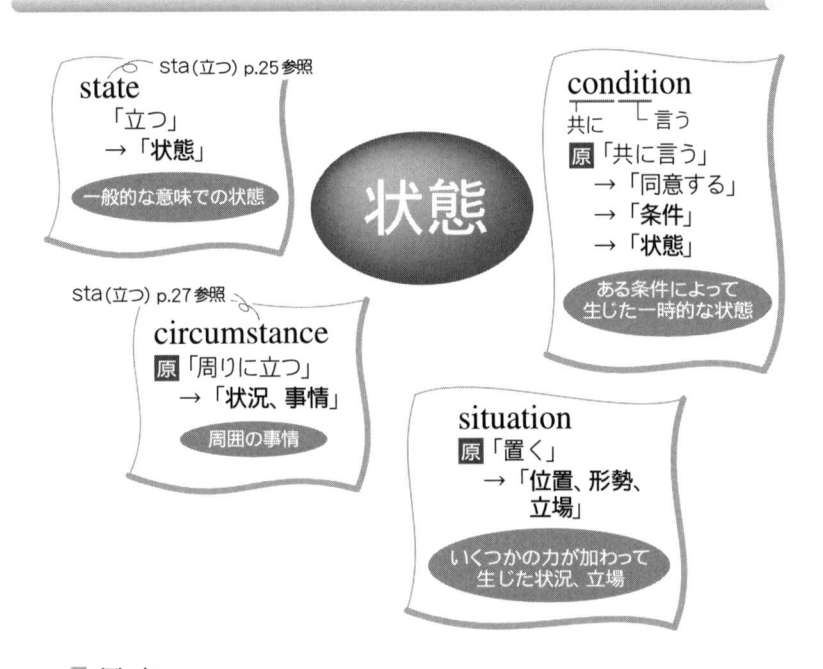

---

state sta(立つ) p.25参照
「立つ」
→「状態」
一般的な意味での状態

condition
共に｜言う
原「共に言う」
→「同意する」
→「条件」
→「状態」
ある条件によって生じた一時的な状態

circumstance sta(立つ) p.27参照
原「周りに立つ」
→「状況、事情」
周囲の事情

situation
原「置く」
→「位置、形勢、立場」
いくつかの力が加わって生じた状況、立場

中央：状態

例文

natural **state**：自然な状態　　**state** of mind：精神状態
be in good **condition**：良い状態にある　　the present **conditions**：現状
according to **circumstances**：状況しだいで、場合によって
international **situation**：国際情勢　　grasp the **situation**：情勢を把握する
She is in a difficult **situation**.　彼女は困った立場に立たされている。

46 形

ウインター・スポーツの華と言われるフィギュア・スケート（figure skating）のfigureはどんな意味かご存知でしょうか？　そう、「図形」という意味です。今日でこそ華やかなフリースケーティングに道を譲っていますが、もともとは氷の上にスケートで8の字型の図形を描き、その正確さを競うのがfigure skatingでした。

figureの原義は「形作る」ですが、そこから「図形」「姿」「数字」「心に描く」などのさまざまな意味が生まれています。

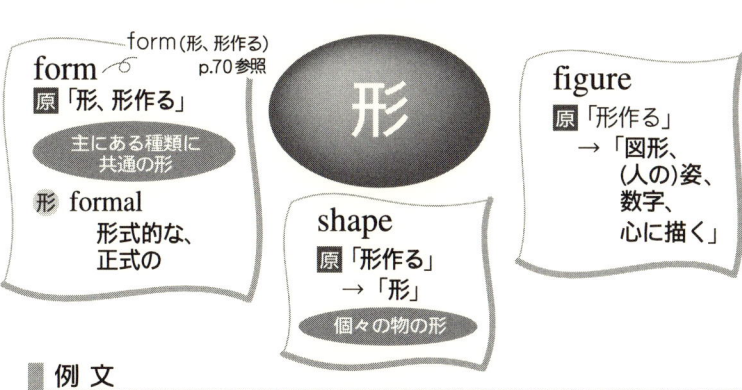

form form（形、形作る）p.70参照
原「形、形作る」
主にある種類に共通の形
形 formal 形式的な、正式の

shape
原「形作る」
→「形」
個々の物の形

figure
原「形作る」
→「図形、（人の）姿、数字、心に描く」

例文

Ice is a **form** of water. 氷は水の一形態だ。

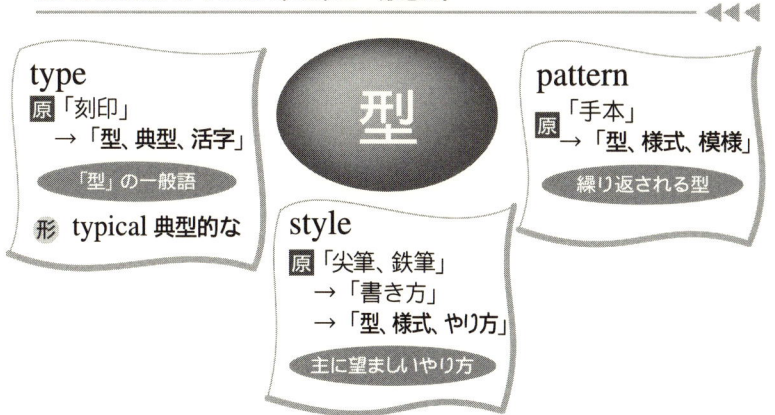

type
原「刻印」
→「型、典型、活字」
「型」の一般語
形 typical 典型的な

style
原「尖筆、鉄筆」
→「書き方」
→「型、様式、やり方」
主に望ましいやり方

pattern
原「手本」
→「型、様式、模様」
繰り返される型

47　道

route（道筋、ルート）の原義は「破られた」で、今日の意味は「森を破って（切り開いて）作った幹線道路」を経て生まれました。

一方この route から派生した routine は「踏みならされた道」から「決まりきった（仕事）」の意味になりました。つまり routine は「破られた」の原義から「破られない日常」に変わったことになります。

言葉の運命はわかりませんね。

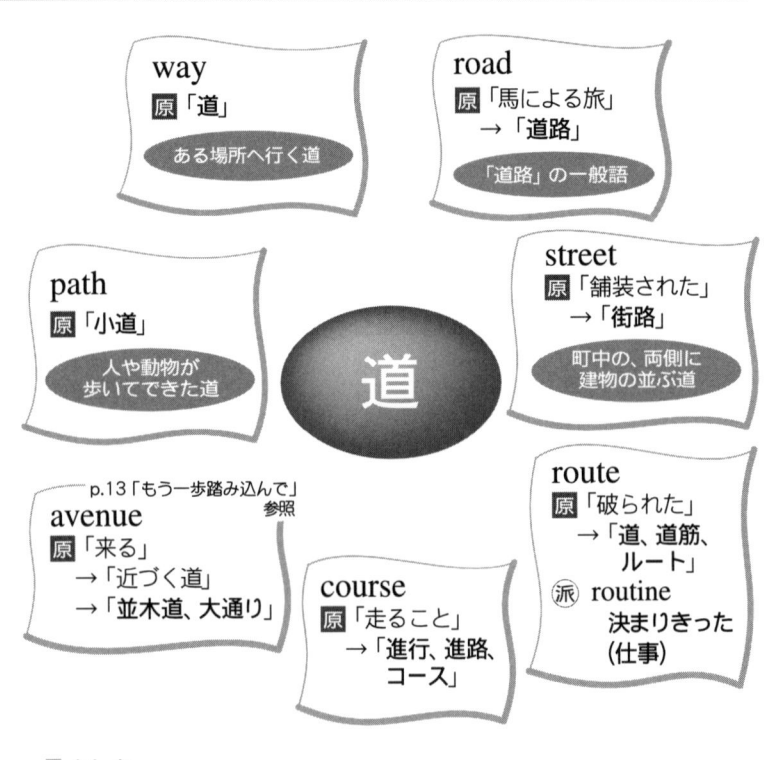

---

way
原「道」
ある場所へ行く道

road
原「馬による旅」
→「道路」
「道路」の一般語

path
原「小道」
人や動物が歩いてできた道

street
原「舗装された」
→「街路」
町中の、両側に建物の並ぶ道

道

avenue（p.13「もう一歩踏み込んで」参照）
原「来る」
→「近づく道」
→「並木道、大通り」

course
原「走ること」
→「進行、進路、コース」

route
原「破られた」
→「道、道筋、ルート」
派 routine　決まりきった（仕事）

例 文

daily **routine**：毎日繰り返す仕事　　**routine** duty：日常的な任務

48 旅

travel（旅行、旅行する）の原義はなんと「3本杭で拷問する」で、その意味は「拷問する」→「苦しめる」→「苦労する」→「旅行する」と変遷しました。「可愛い子には旅をさせよ」のことわざが示す通り、その昔、旅は危険でつらいものだったのです。

ちなみにこの travel がフランス語に定着したのが travail［トラヴァイユ］で、その意味は「苦労する」から「仕事、労働」になりました。

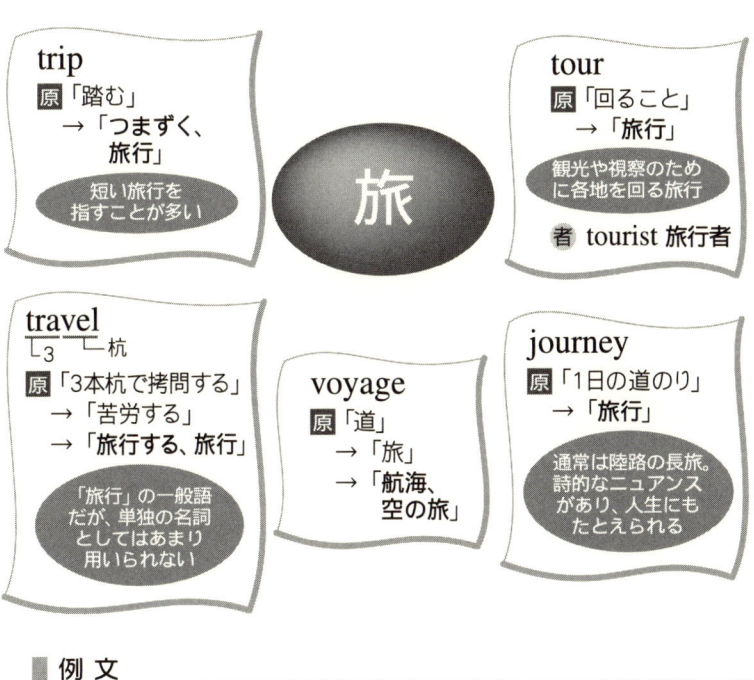

---

trip
原「踏む」
→「つまずく、旅行」

短い旅行を指すことが多い

tour
原「回ること」
→「旅行」

観光や視察のために各地を回る旅行

者 tourist 旅行者

旅

travel
3 杭
原「3本杭で拷問する」
→「苦労する」
→「旅行する、旅行」

「旅行」の一般語だが、単独の名詞としてはあまり用いられない

voyage
原「道」
→「旅」
→「航海、空の旅」

journey
原「1日の道のり」
→「旅行」

通常は陸路の長旅。詩的なニュアンスがあり、人生にもたとえられる

例文

go on a **trip** to ~：~への旅に出る　　a holiday **trip**：休暇旅行
I **traveled** all over the world.　私は世界中を旅した。
She made a **journey** through Europe.　彼女はヨーロッパを旅した。

49　時を表す形容詞・副詞

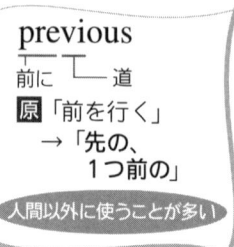

previous
前に ― 道
原「前を行く」
→「先の、1つ前の」
人間以外に使うことが多い

former
原「最初の」
→「前の、元の、前者」
人間に使うことが多い
反 latter 後者

前の

last
＊late（遅い）の最上級
「最後の」
→「すぐ前の」

recent
原「新鮮な」
→「最近の」
主に近い過去の一時点
副 recently 最近

例文

on the **previous** day：その前日に　　a **previous** appointment：先約
his **former** wife：彼の前妻　　the former **president**：前社長（学長）
last summer：この前の夏　　for the **last** few weeks：この数週間
Recently we visited Hokkaido.　最近私たちは北海道を訪れた。

◀◀◀

lately
＊late の副詞形
「近ごろ」
現在時を含む「近ごろ」。主に現在完了時制に伴う

ago
離れて ― 行く
原「離れていった」
→「〜前に」
現在から見て「前に」。常に過去時制に伴う

前に

before
原「〜より前に」
過去のある時から見て「前に」

once
＊one の変化形
原「一度」
→「かつて」

present
- 前に / ある
- 原「前にある」
  → 「現在、現在の、出席している」

過去や未来に対し、現在の

current
- 原「走っている」
  → 「流通している、流れ」
  → 「現在の」

現行の、最新の

現在の

present（贈る、贈り物）も同語源。その意味は「前にものを置く」→「差し出す」から

例文

the **current** price：時価　　**current** fashions：今はやりのファッション

later
* late の比較級
「もっと遅く」
→ 「後で」

afterward(s)
- 後ろの / 方向を表す
「後ろの方向に」
→ 「後で、後に」

～して、その後に

その他

immediate
- 否定 / 中間
- 原「中間のない」
  → 「直接の、即座の」
- 副 immediately すぐさま

permanent
- 通して / とどまる
- 原「長く続く」
  → 「永続的な、永久の」

COLUMN

Mediterraneanは文字通り「地中の海」

immediate の語幹 medi（中間）を含む語に **medium**（中間、媒体、手段）があります。その複数形が **media**（メディア、マスコミ）です。

Mediterranean（地中海(の)）は medi + terra（土地）という構成の語で、「土地の中間の」つまり「陸地に囲まれた（海）」を意味します。

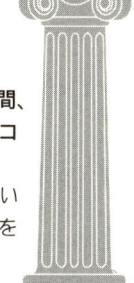

50 頻度を表す副詞

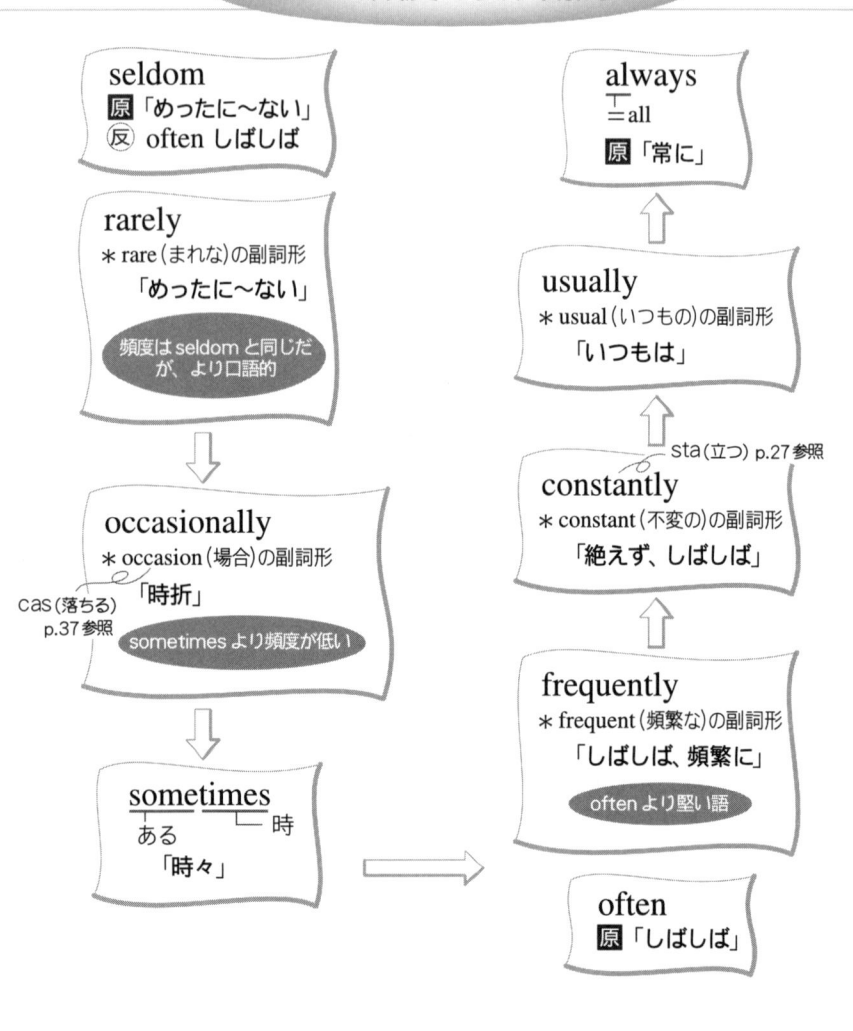

seldom
原「めったに〜ない」
反 often しばしば

rarely
＊rare（まれな）の副詞形
「めったに〜ない」
頻度は seldom と同じだが、より口語的

occasionally
＊occasion（場合）の副詞形
「時折」
cas（落ちる） p.37参照
sometimes より頻度が低い

sometimes
ある — 時
「時々」

frequently
＊frequent（頻繁な）の副詞形
「しばしば、頻繁に」
often より堅い語

often
原「しばしば」

constantly
＊constant（不変の）の副詞形
「絶えず、しばしば」
sta（立つ） p.27参照

usually
＊usual（いつもの）の副詞形
「いつもは」

always
＝ all
原「常に」

例文

He **seldom** goes to church. 彼はめったに教会に行かない。
We eat meat only **occasionally**. 私たちはたまにしか肉を食べない。
He is **constantly** quarreling with his son. 彼は絶えず息子と口論している。

第 3 部
～英単語をおもしろ語源で覚える～

地 名

■ 釣針形の土地に住む者たち

England（イギリス）はその昔は Englaland とつづられていました。Engla は Angle すなわち「アングル族（アングロ・サクソンのうちのアングロ）」のことで、Englaland は「アングル族の国」を意味します。この Angle は「釣針（angle）の形をした土地に住む者」という意味で、彼らがブリテン島に侵入する以前に住んでいたユトランド半島の南部一帯（今日のドイツ北部）(p.2「英単語の歴史」参照)の形状を示しています。

なお日本語の「イギリス」はポルトガル語でイギリスを表す Inglez［イングレス］からきています。

■ ここはどこ？ カナダ（村）だ。

「**Canada（カナダ）**は先住民の語 kanada（村）からきた」と聞けば、何が起こったかがわかるでしょう。「ここは何という場所だ？」という探検隊の問いに、「kanada（村）だ」という現地人の答えが返ってきたのです。

これで思い出すのが **kangaroo（カンガルー）**の由来についての俗説です。オーストラリアを探検してはじめてカンガルーを見たCaptain Cook（キャプテン・クック）が、現地の人に「あれは何だ？」と尋ねたところ、相手は現地語で「（あなたの言っていることが）わからない」と答えたのが、クックには kangaroo と聞こえたというものです。

けれども kangaroo は現地語の gangaru（大型のカンガルー）に由来する、とするのが有力な説になっています。

「南の国」対「東の国」

オーストラリアとオーストリアはよくまちがえられますが、それぞれの由来は何でしょうか？ **Australia**（オーストラリア）の語源はラテン語の auster（南の）、一方の **Austria**（オーストリア）の語源はドイツ語の oster（東の）ですから、オーストラリアは「南の国」、オーストリアは「東の国」ということになります。

なお **New Zealand**（ニュージーランド）は17世紀にこの地を探検したオランダ人がオランダの Zeeland 州にちなんでここを Nieuw (= New) Zeeland と呼んだことに由来します。zee は「海」ですから、全体の意味は「新しい海の土地」です。

フランク族以外はフランクでなかった？

France（フランス）は「Frank（フランク族）の国」を意味します（フランク族はゲルマン民族の一種族）。

形容詞の **frank**（フランクな、率直な）も同語源です。その昔、ガリア（現在のフランスを中心とした地域）では、支配者のフランク族だけが完全な自由を享受していました。つまり frank のもともとの意味は「自由な」で、「自由に語る」を経て今日の意味に至ったわけです。

「日本」はもとは中国語

わが国 **Japan** がマルコポーロの「ジパング」に由来することはよく知られていますが、この「ジパング」は「日本」の中国語読み——「日：Jih」+「本：pun」すなわち Jihpun（ジープン）——からきたものです。「日本」は「日の昇るところ」すなわち「東の国」という意味ですから、もともと中国の視点からの名称（つまり中国語）であることがわかります。

なお **China**（中国）は始皇帝の「秦」から、**Korea**（朝鮮）は王朝名の「高麗（高い山ときらめく川の国）」からきた名称です。

赤道の国エクアドル

「赤道」は英語では **Equator** と言います（Red Line や Red Way とは言わない）。Equator は **equal**（等しい）と同語源の **equate**（等しくする）の派生語で、「（地球を）等しく２つに分けるもの」を意味します。

南米の **Ecuador**（エクアドル）はこの Equator のスペイン語形です。エクアドルが赤道直下の国であることを、地図で確認してみましょう。

ピカデリー・サーカスにピエロがいない理由

ロンドン市内には「ピカデリー・サーカス（Piccadilly Circus）」をはじめいくつかの「サーカス」があります。ここを訪れた日本人観光客が「サーカスなんかやってなかったよ」と言ったという笑い話がありますが、この **circus** は「**環状交差点、円形広場**」の意味です。

もとになっているのはラテン語 circus（円、輪）ですから、英語に入ってからもつづりはまったく変わっていないことになります。

テントで公演する「**サーカス**」は「円」から「円形の興行場」を経て生まれた意味です。

通俗語源の方がおもしろい Amazon

　Amazon（アマゾン川）はギリシャの伝説に登場する勇猛な女戦士の部族 Amazon（アマゾン族。Amazones はその複数形）に由来しますが、この語はさらに「戦士」を意味する古イラン語 ha-maz-an にさかのぼると言われています。

　一方、別の説では、ギリシャ語 Amazon を a（〜のない）＋mazos（乳房）と分解し、アマゾン族の女戦士が弓を引くとき邪魔になるからと右の乳房を切り落としたという伝説に対応させていますが、こちらはあくまで通俗語源＊です。

　さて、時代は下って16世紀、今日のブラジルに攻め込んだスペイン人は、抵抗した部族の女たちが男と共に勇猛に戦うのに驚き、この部族をギリシャの伝説にちなんでアマゾン族と呼びました。それが南米の「アマゾン」の由来です。

＊通俗語源：広く言い伝えられているものの、根拠に乏しい語源情報

動物名

よろいを着た動物

　熱帯アメリカに住む動物「**アルマジロ**」は **armadillo** とつづります。この語は本来はスペイン語ですが、これを「**よろい、甲冑**」を意味する英単語 **armor** と対照すればピンとくるでしょう。そう、アルマジロは身体がよろいで覆われていることから付けられた名です。

　armadillo, armor そして **arm**（通例 arms で「武器」）はいずれもラテン語 arma（よろい）およびその動詞形 armare（武装する）から生まれた語です。

　ちなみに「腕」の **arm** は別語源です。

「地をはうライオン」と「石の上の虫」はどっちが強い？

　chameleon（カメレオン）は本来はギリシャ語で、khamaileon とつづっていました。これは khamai（地上の）+leon（ライオン）と分解でき、「地をはうライオン」を意味します。

　一方 **crocodile**（ワニ）はギリシャ語 krokodelios からきた語です。krokodelios は kroko（小石）+delios（虫）すなわち「小石の（上をはう）虫」の意味で、ワニが河原の石の上で日光浴をする習性を持つことからこう名付けられました。

キャタピラのどこが猫だって？

caterpillar（毛虫、いも虫）の語源は古フランス語 chatepelose ですが、これはラテン語の catta（猫）と pilosus（毛深い）がつながったもので、「毛深い猫」を意味します。確かに毛虫はそう見えなくもないですね。

ちなみに caterpillar には「**キャタピラ**（車輪にベルトをかけ、回転させて走行する装置）」の意味もあります。いも虫の歩き方を連想させることから付けられた名ですが、こちらはどうしても「猫」には見えません。

先のことはカマキリに聞いてくれ

mantis（カマキリ）は、前足を振り上げる形が祈る格好に似ているということで、praying（祈っている）mantis とも呼ばれます。その語源はギリシャ語 mantis（予言者）で、やはりその祈るような格好から名付けられました。改めてカマキリを眺めてみると、何やら哲学者めいた表情をしているように思えてきますから不思議です。

子宮ってどんな形？

dolphin（イルカ）はギリシャ語 delphin（イルカ）に由来する語ですが、この delphin は「子宮」という意味のギリシャ語 delphus から生まれたものです。イルカが（少なくとも古代ギリシャ人には）子宮の形を連想させたからだと言います。私たちには子宮の形の方がよほどなじみがありませんね。

ピンクの鳥みたいな衣装を着た人々

 flamingo（フラミンゴ）はスペイン語 flamenco（フラミンゴ）からきた語ですが、これはさらにラテン語 flamman（炎）にさかのぼります。その鮮やかなピンク色の羽にちなんで付けられた名であることは理解できるでしょう。同語源の英単語には **flame**（炎）があります。

 さて、15世紀、スペインのアンダルシア地方にジプシーの一団が現れました。その派手な服装が鳥の flamenco（フラミンゴ）を連想させたことから、このジプシーは地元の人々から flamenco と呼ばれ、彼らの独特の踊りも **flamenco**（フラメンコ）と呼ばれるようになりました。

アメリカが原産なのに「トルコ鳥」

 turkey（七面鳥）の原産地は北アメリカですが、そう聞いて「あれっ！」と思う人もいるかもしれません。**Turkey** は「トルコ」のことだからです。これにはある勘ちがいがからんでいます。

 かつてヨーロッパにイスラム教徒やトルコ人がホロホロチョウ（アフリカ原産）という鳥を持ち込み、やがて turkeycock（トルコの鶏）と呼ばれるようになりました。その後北アメリカから七面鳥が持ち込まれましたが、これがホロホロチョウに似ていたため、混同によってこれも turkey と名付けられてしまったのです。

 turkey と言えば、1620年にイギリスからアメリカに渡った清教徒たちが翌年の収穫祭に捕まえて食べたとされる鳥で、その料理はアメリカでは Thanksgiving Day（感謝祭）をはじめとする祝日の定番になっています。

 ちなみに日本語の「七面鳥」はその肉いぼや肉垂の色がときどき変化することから付けられた名です。

飛行機は闘鶏場で操縦する？

cock（おんどり）はコッコッという鳴き声から生まれた擬音語です（cock は隠語で「ペニス」を意味するため、アメリカではこの語を避け、「おんどり」には **rooster** を使う）。

cockpit（コックピット、飛行機の操縦室）は文字通りには「おんどりの穴」という意味で、本来は闘鶏場のことでした。「操縦室」の意味はその形状が闘鶏場を連想させることからきています。

これで思い出すのが野球の投球練習場 **bullpen**（ブルペン）で、文字通りには「牛を囲っておく場所」を意味します。

「盛り上がったネズミ」とは？

muscle（筋肉）はラテン語 mus（ネズミ）に cle（=cule：小さい）が付いた形で、文字通りには「小さなネズミ」を意味します。筋肉の形や動きが小ネズミを連想させるからだと言います。

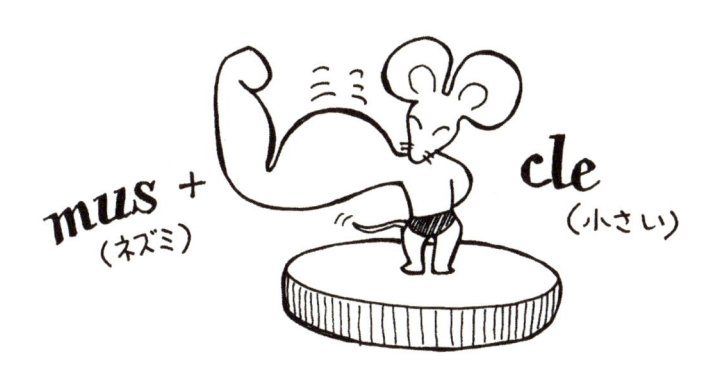

植 物 名

■ たんぽぽとライオンの関係は？

dandelion(たんぽぽ)は古いフランス語 dent de lion に由来する語です。dent は「歯」、de は「〜の」の意味ですから、全体では「ライオンの歯」を意味します。たんぽぽのギザギザの葉をライオンの歯に見立てたわけです。

なお dent の語源であるラテン語 dens(歯)は **dentist**(歯医者)の形でも英語に入っています。

■ レタスも天の川の「ミルク」から

lettuce(レタス)の語源はラテン語 lactucam(レタス)で、その lactucam は lac(ミルク)の派生語です。レタスの根元を切るとミルク状の液が出ることからこう名付けられました。「ミルク」はフランス語では lait [レ]、スペイン語では leche [レチェ]、イタリア語では latte [ラッテ]と言いますが、いずれも lac からきたものです。なお milk は英語独自の語です。

ちなみに「ミルク」はギリシャ語では gala と言い、これから英単語の **galaxy**(銀河、天の川)が生まれました。天の川がミルクを流したように見えることからきています。

■ パイナップルは巨大な「松笠」？

pineapple(パイナップル)は pine(松)と apple が組み合わされた語で、その果実が松笠に似ていることからこう名付けられました。apple はかつては果物一般を指していましたので、pineapple は「リンゴ」とは無関係です。apple 自体の語源はよくわかっていません。

食べることに関する語

ホットドッグの「ドッグ」は何？

sandwich（サンドイッチ）が Sandwich 伯爵 John Montagu（ジョン・モンタギュー）の名をとったものであることはよく知られています。カード狂のサンドイッチ伯は、食事の時間も惜しんだあげく、コールド・ビーフをパンの間にはさんだものを召使いに作らせ、それを食べながらカードに興じたと言います。こうして彼は、遊びに徹することでその名を歴史に残すこととなりました。

hot dog（ホットドッグ）の由来については、「ある漫画家が犬をホットドッグに見立てて描いた漫画から」とか、「犬の肉を使っているといううわさから」とか、「その形がダックスフントに似ているから」といった諸説がありますが、よくわかっていません。

hamburger（ハンバーグ）はドイツの都市ハンブルク（Hamburg）に由来します。これは19世紀にドイツの移民がアメリカに持ち込んだもので、正式には Hamburg(er) steak（ハンブルク風のステーキ）と言います。パンにはさんだものは単に hamburger。

ケチャップのもとは中華ソース

ketchup（catsup）（ケチャップ）は中国語（広東語）の茄汁（ketsiap）からきた語です。茄汁は本来は魚のスープにキノコを混ぜたピリッと辛いソースですが、これをオランダの貿易商がヨーロッパに持ち帰り、イギリス人がトマトを加えて辛味を少なくしたのが今日のケチャップということになります。

mayonnaise（マヨネーズ）は、18世紀にフランス軍がスペインのメノルカ島を占領した際、その戦勝を記念してこの島特産のソースを mahonnais（マオン風の）と命名したことに由来します。マオンはメノルカ最大の町 Mahon のことです。

コーヒーは酒の代用品？

　coffee（**コーヒー**）の語源はアラブ語の qahwah（カフワ：もともとはコーヒー液を醗酵させて作った酒）ですが、この qahwah はコーヒーの木の原産地であるエチオピア南部の地域 Kaffa（カッファ）からきたと考えられています。コーヒーはアラブ地域で発達した飲み物ですが、それはイスラム教が飲酒を禁止していることと関係していると言います。要するにコーヒーは酒の代用品として盛んに飲まれてきたわけです。

　tea（**茶**）の語源は中国語の（茶[チャ]）であり、16世紀にポルトガル人がはじめて茶をヨーロッパに持ち込んだときの名称は cha でした。その後「チャ」のマレー半島方言である「テ」がヨーロッパに入り込んで優勢になりました（フランス語では the [テ]、ドイツ語では Tee [テー]、イタリア語とスペイン語では te [テ]）。

　chocolate（**チョコレート、ココア**）はカカオの原産地である北アメリカの先住民の言葉 xocoatl（苦い飲み物）からきた語です。チョコレートは本来は飲み物（ココア）で、製菓会社が苦心の末、19世紀半ばにようやく固形化に成功したのが今日食べるチョコレートです。

デザートは料理が片付いてから

　dessert はフランスで生まれた語で、des（=dis：反対）＋serv（仕える）（p.55「もう一歩踏み込んで」参照）がもともとの形です。その意味は原義の「給仕していた料理を下げる」から「食事の終わりに食べるもの」を経て**「デザート」**になりました。フランス語形も dessert ですが、発音は[デセール]です。

スポーツ、遊びに関する語

サッカーとラグビー

soccer（サッカー）は association football を略した soc に er が付いた形で、もともとは学生の俗語でした。association football は「協会式フットボール」すなわち「Football Association のルールに従って行うフットボール」のことで、たとえば「手を使ってはならない」というルールはこの協会が定めたものです。

この協会の成立と同時に、手足共に自由に使えるフットボールとして分かれたのが **rugby**（ラグビー、正しくは **rugby football**）です。rugby はイギリスの名門私立校 Rugby School で生まれたフットボールで、その昔、当時のスタイルのフットボールをしていた生徒の1人が、突然ルールを無視してボールをかかえ、走り出したのがその起源とされています（ラグビー校にはその生徒の功績を称える石碑まである）。

relay は猟犬の交替から

relay（リレー）は re（戻って）＋ lay（ゆるめる）という構成の語で、文字通りには「ゆるめて戻す」を意味します。もともとは狩猟の際に「（新手の犬を放つために）疲れた犬を留め置く」という意味に使われていました。日本生まれの長距離リレーレース、「駅伝」の中継点のシーンをこの犬の交替と重ね合わせてみたらおもしろいでしょう。

テニスではどうして「愛」がゼロなの？

テニスで **love** と言えば「**得点なし**」のことですが、そのいわれはよくわかっていません。成句 for love（楽しみとして、賭けずに（賭け金ゼロで））を略したものだという説がもっとも有力ですが、フランス語の l'œuf [ルフ]（「卵」：0 は形が卵に似ている）がなまったものだというおもしろい説もあります。

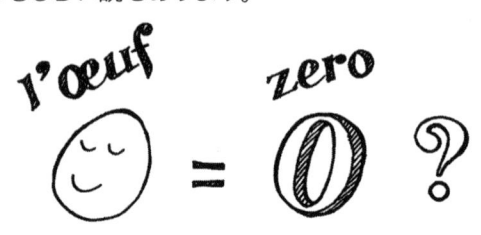

ボートは燃えているか？

運動選手などの着る色物のジャケット **blazer**（ブレザー、ブレザーコート）は **blaze**（炎、燃え立つ）の派生語で、文字通りには「燃えるもの、輝くもの」を意味します。もともとはケンブリッジ大学のボート部員が着用した鮮やかな赤のジャケットのことで、遠くから見るとチーム全体が **ablaze**（燃えている）に見えたことからこう名付けられました。

シーソーはノコギリを挽くときのかけ声

seesaw（シーソー）はいわゆる木挽き歌からきたものと言われています。2人が大型のノコギリの前後を持ち、"see" "saw"、"see" "saw" とかけ声をかけながら挽いていたわけです。このうちの **saw** は「ノコギリ」ですが、see は単に口調を合わせるためのものです。

この seesaw が遊具に転身したのは19世紀になってからのことです。

物の名

ジーンズのポケットの鋲の意味は？

jeans(ジーンズ)は「Genoa の」を意味する古い形容詞 gene からきました(Genoa はイタリアの都市ジェノバの英語名)。ジーンズの原形である綾織綿布の衣類がこの町で作られていたことに由来します。

ただし、今日の形のジーンズは、ゴールドラッシュの時代(19世紀半ば)のアメリカで、ドイツからの移民 Levi Strauss(リーヴァイ・ストラウス)がテントを染めて鉱夫用に作って売り出した丈夫なズボンに始まると言われています。ジーンズのポケットには鋲が打ってありますが、これはポケットに鉱石を突っ込んでも破れないようにとの配慮だと言います。

ちなみにジーンズ用の生地である **denim**(デニム)はフランス語 serge de Nimes(ニーム(南フランスの町)産のサージ)の後半がなまったものです。

なお「ジーパン」は和製語です。

「倉庫」が「雑誌」に化けた理由

magazine(雑誌)の語源はアラブ語の makhzan(倉庫)ですが、英語に入ってから「火薬庫、弾薬庫」の意味が生まれ、さらに「軍事関係の知識の宝庫」の意味で雑誌のタイトルに採用されて、最終的に雑誌一般を指すようになりました。この語には「(連発銃の)弾倉」という意味もありますが、これは「弾薬庫」からきたものです。

この語はフランス語を経由して英語に入ったものですが、フランス語形 magasin [マガザン]は今日でも主に「倉庫、保管所、商店」の意味に使われます。

暗い部屋でとるものは？

camera はラテン語で「部屋」という意味だったものが、camera obscura（暗い部屋→暗室）という形で使われ、やがて obscura が脱落して camera だけで「暗室」→「**カメラ**」の意味になったものです。イタリア語では camera は今日でも「部屋」を意味します。

ピアノはそっと弾くもの？

piano（ピアノ）はイタリア語 pianoforte の省略形です。pianoforte は piano e forte（soft and strong）が詰まったもので、「（チェンバロなど従来型のものより）容易に音の強弱が付けられる（鍵盤楽器）」を意味します。イタリア語の piano 単独の意味は「平らな、簡単な、静かに、小声で」です。

ブタにハム?!

pearl（真珠）の語源は何とラテン語 perna（ハム）です。これはハムに似た軟体動物の一種（これにも perna という名が付いた）から真珠がとれたことによります。「ブタに真珠」はラテン語ではどう言うのでしょう？

やはり「奴隷」だった robot

robot（ロボット）は旧チェコスロバキアの作家 K.チャペックが戯曲『ロボット（R.U.R.）』の中で使った造語です。もとになっているのはチェコ語の robota（強制労働）ですが、これはさらに古スラブ語の rabu（奴隷）にさかのぼる語です。

抽象的なものを表す語

「回って歩く」のは何のため？

ambition は語源という点ではもっとも有名な単語の1つです。この語の構成は amb(round：回って)+it(歩く)+tion(名詞語尾)で、「回って歩くこと」を原義とします。古代ローマではもっぱら「選挙運動のために回って歩くこと」の意味に用いられていたと言います。時は変われども人の心は変わらず、まもなくこの語は**「野心」**を意味するようになりました。

ちなみに **candidate**（候補者）は「白い」という意味のラテン語 candidus からきた語です。ローマでは、選挙のとき、候補者がみずからの清廉潔白を示すために白い服を着て「歩き回った」からだと言います。外面は「純白」でも心の中は「野心」でいっぱいだったかもしれませんね。

ambition と同じ amb を含む語には、やはり「歩き回る」を原義とする **ambulance**（救急車）があります。この語はフランス語 hopital ambulant（歩き回る病院）の hopital（=hospital：病院）が脱落した形で、最初は馬に引かせた移動野戦病院を指していました。

交差点はよもやま話の花盛り

trivial は ambition と並んで語源に関して特に有名な語です。tri は「3」、via は「道」ですから、trivial は「3つの道が交わるところ」すなわち「三叉路」を原義とします。昔から道が交わるところには人が集まり、三々五々立ち話に興じましたが、話の内容は平凡なことでした。そこから**「ささいな」**という今日の意味が生まれたのです。

Philadelphia は「兄弟を愛する者」

「上智大学」の英語名 Sophia University の sophia はギリシャ語で「知恵」を意味します。ソクラテスに始まったと言われる **philosophy (哲学)** は phyl (愛) + soph + y (名詞語尾) という構成で、原義は「知恵を愛する (愛知)」です。

ついでながら、phil (愛) の付いた語に地名の Philippines や Philadelphia があります。**Philippines (フィリピン)** はスペイン王 Philip 2 世にちなむ国名ですが、この Philip は phil + hippo (馬) と分解でき、文字通りには「馬を愛する者」の意味になります。

一方の **Philadelphia (フィラデルフィア)** は phil + adelpho (兄弟) で、「兄弟を愛する者」を意味します。Philadelphia はもともとは Lydia (今日のトルコ) にあった古代都市の名で、兄思いで知られた王のあだ名がもとになっています。

handicap は賭け事からきた

handicap は "hand in the cap" (帽子の中の手) が縮まったものです。これは、各自の持ち物を賭けてくじ引き遊びをする際、その品物の価値がほかより劣っている分だけ帽子の中にお金を入れておいた習慣に由来します。この語はやがて競馬の世界に取り入れられ、速い馬に余分の重荷を付ける handicap match が行われて、そこから「**不利な条件**」という意味が生まれたのです。

hand を含むもう 1 つの語、**handsome** は hand に「〜しやすい」という意味の接尾辞 some が付いた形で、もともとは「(手で) 扱いやすい」を意味していました。今日の「**ハンサムな**」の意味は「扱いやすい」→「適当な」→「かなりの (量の)」→「形が良い」と変遷して生まれたものです (p.161「きれいな」参照)。

「春」と「泉」と「ばね」の共通点は？

spring はさまざまな意味を持つ語ですが、それらの由来は原義の「急に動く、はねる」にさかのぼれば理解しやすくなります。

原義にもっとも近いのは「**跳ぶ、はねる**」で、次いで「はねて出る」から「(植物が)生える」や「(水が)わき出る」の意味が生まれました。「**泉**」の意味は「わき出る」から、「**ばね、スプリング**」は「はねる」からきています。

原義からもっとも遠い「**春**」の意味は、「わき出る」→「始まる」→「年のはじめ」と変遷して生まれたものです。

なお **winter**(冬)の原義は「湿った季節」で、**summer** は原義から「**夏**」です。「秋」については p.111「COLUMN」を参照してください。

ローマ版「我田引水」

rival(ライバル、競争相手)の語源はラテン語 rivus(小川)だと聞いて、どんなことを連想するでしょうか？ rival は直接には rivus の派生語 rivalis(同じ小川を共同で使う者)から生まれた語で、その背景には古代ローマの水利権をめぐる争いがあります。

同語源の **derive** は de(離れて、〜から)+rivus という構成の語で、「小川から」の原義から「(水を)引く」を経て「**引き出す、由来する**」の意味になりました。

river(川)の語源はラテン語 ripa(川沿いの土地、川岸)で、rivus とは関係がありません。同語源の **arrive** は ar(=ad:〜へ)+ripa という構成の語で、「岸へ」から「岸に着く」を経て「**着く**」の意味になりました。

ちなみに地中海沿岸の避暑地 Riviera(リビエラ)も同語源で、原義は「岸沿いの土地」です。

星から流れ込む influence

　古代ギリシャ・ローマの人々は、惑星の配置が人の運命や性格、体調などに影響を及ぼすと考えていました。星は霊気（エーテル）を発し、それがその星のもとに生まれた人に流れ込むというわけです。この考え方から生まれた語の典型としては、in + flu（流れる）すなわち「流れ込む」を原義とする **influence（影響、影響を与える）** があります。

　influence と言えばその派生語 **influenza（インフルエンザ）** を思い出しますが、これは18世紀にイタリアで発生した流行性感冒にちなんで名付けられたものです。当時なお、原因不明の流行病は天体の影響で起こると考えられていました。

　同様の発想から生まれた語、**lunacy（狂気）** の語源はラテン語 luna（月）です。精神異常（特に間欠性精神病）は月の霊気が人に流れ込むことで起こると信じられていたことにちなみます。

マラリアは「悪い空気」

　malaria（マラリア） はもともとはイタリア語で、mala（悪い）＋ aria（空気）と分解できます。全体では「悪い空気」を意味しますが、それは昔マラリアが沼沢地の毒気（悪い空気）によって起こると考えられていたことに由来します。

その他

■ サンタクロースはどこから来た？

Santa Claus（サンタクロース）はオランダ語の Sint Nicolaes（St. Nicholas：聖ニコラス）がなまったものです。聖ニコラスは４世紀の小アジア（トルコ）の主教で、聖日は12月６日です。

オランダ人の間の伝説によると、聖ニコラスは子ども好きで慈悲深く、あるときは３人の貧しい娘にそれぞれの窓から金の入った財布を投げ与え、持参金をととのえさせたと言います。そこから、その聖日の前夜に子どもたちに贈り物を配って歩くサンタクロースの物語と習慣が生じ、やがてそれがクリスマス前夜のプレゼントの習慣に変わりました。

つまり、聖ニコラスの聖日の習慣が期日の近いクリスマスに合流し、クリスマスイブのサンタクロース伝説が生まれたわけです。

トナカイに引かせたそりや赤い服などは、クリスマスの商業化と共に生まれたものです。

■ ACだったはずのOK

日本人もよく使う **OK**（オーケー、よろしい）は all correct（すべて正しい）を冗談めかして発音通りにつづった oll korrect の頭文字で、1839年にアメリカの新聞に載ったのが最初とされています。そして、翌1840年の大統領選挙に出馬した Van Buren（ヴァン・ビューレン）を支持する勢力が、Buren のあだ名 Old Kinderhook の頭文字OKを選挙のスローガンにし、それがきっかけで一般に広まりました。

著者紹介

石戸谷　滋

昭和23年生まれ。東北大学文学部卒業。岡山大学教養部助教授を経て、現在はフリーライター、翻訳家。
著書に『和製英語アメリカを行く』(大修館書店)、『英単語はどこからきた』(恒河舎、真鍋との共著)、『英語のドレミファ1 英文法は楽しい』『英語のドレミファ2 英単語は楽しい』『英語のドレミファ3 英作文は楽しい』『英語クイズ＆パズル＆ゲーム70』(以上黎明書房、真鍋との共著)などがある。

真鍋　照雄

昭和20年生まれ。弘前大学教育学部中退後、私塾を開き、今日に至る。
著書に『英単語はどこからきた』(恒河舎、石戸谷との共著)、『自分さがしの旅の始まり』(学事出版)、『学長からの手紙』(自費出版)、『英語のドレミファ1 英文法は楽しい』『英語のドレミファ2 英単語は楽しい』『英語のドレミファ3 英作文は楽しい』『英語クイズ＆パズル＆ゲーム70』(以上黎明書房、石戸谷との共著)などがある。

本文デザイン・レイアウト・イラスト：アトリエ a・wa

知っている単語がどんどん増えるスーパー英単語分類帳

2005年9月10日　初版発行

著　者	石戸谷　滋 真鍋　照雄
発行者	武　馬　久仁裕
印　刷	株式会社　太洋社
製　本	株式会社　太洋社

発　行　所　　株式会社　黎明書房

〒460-0002　名古屋市中区丸の内3-6-27　EBSビル
☎052-962-3045　FAX 052-951-9065　振替・00880-1-59001
〒101-0051　東京連絡所・千代田区神田神保町1-32-2
　　　　　　　南部ビル302号　☎03-3268-3470

落丁本・乱丁本はお取替します　　　　　ISBN4-654-01752-6
© S.Ishitoya & T.Manabe 2005, Printed in Japan